若手教師の働き方

須貝 誠

東洋館出版社

はじめに

本書は、次のような先生をイメージしながら執筆しています。

●イチから仕事を覚えていく先生
●仕事の流れはつかめてきたけれども、個別具体の指導技術についてはこれから高めていく先生
●周囲の先生方と同じようにできなくて悩んでいる先生
●よりよい教師生活を送っていくために必要なこととは何かを具体的に知りたい先生

本書のなかで例として挙げられている事柄は、小学校の先生方向けです。他方、効率的・効果的に仕事をしていくうえでの考え方や手法としては、中学校や高校の先生方にも通ずるでしょう。

●イチから仕事を覚えていく先生

みなさんもご存知のとおり、大学の教職課程では、多種多様な子どもたちとどう接すればよいか、教科ごとの授業をどうつくればよいか、学級をどうまとめていけばよいかといった具体的な実践方法は、あまり教えてくれません。実際に初任校に赴任してはじめて、イチから覚えていくことになります。そのため、最初の数年は戸惑うことばかりでしょう。

そこで、本書では、教職経験が5年以内の先生に必要な考え方や方法を紹介しています。いずれも、私が向山洋一先生をはじめとするＴＯＳＳで教わったことばかりで、先生方にとって役立つ内容となるように厳選しています。

●仕事の流れはつかめてきたけれども、個別具体の指導技術についてはこれから高めていく先生

無事、初任の1年を大過なく過ごすことができれば、およその仕事内容はつかめます。ただ、教師の仕事は裁量の幅が広く、やろうと思えばいくらでも仕事を増やすことができてしまいます。ここに、「隣の教室のベテランの先生がしているから…」「みんながそう言っているから…」と、自ら仕事を増やしてしまいがちな理由があります。

最初のうちは、どの仕事に必然性があるのかを峻別するのがむずかしいでしょう。そもそも、そういう職業特性だからです。授業技術にしてもそうです。自分の「何を」「どこまで」優先的に伸ばしていけばよいかがわかりにくいのです。

そこで、本書では、まず授業の原則を知ること、そのために必要な指導技術は何かを紹介します。

●周囲の先生方と同じようにできなくて悩んでいる先生

結論から言うと、同じようにしなくて大丈夫です。むしろ、同じようにしないほうがいい場合も多いのです。第1章で詳しく述べています。その理由はもちろん、どうすればよいかについても紹介します。

●よりよい教師生活を送っていくために必要なこととは何かを具体的に知りたい先生

「苦労したからうまくいくのではなく、ラクなほうがうまくいく」

「ラクをどんどんふやそう」

これは、四辻友美子著『励まし力』（PHP研究所）で掲載されている斎藤一人さんの言葉です。続けて、次のように書かれています。

「肩の荷をおろして気を楽にして成功しないといけない。そうでないと、苦労するなど大変なことになる。本来は、ラクして成功する。これが正しい道。でも、家庭や学校では、肩の荷をおろして成功する方法を教わらない。見本もない。斎藤一人さんは、商売人として、見本になるようにしている」

この考え方は、教師の仕事にも通じます。本書では、非効率的な「がんばり」から、効率的な「がんばり」へマインドリセットする必要性と具体的な方法を提案していきます。

*

本書を執筆するうえでのベースは、（上述のように）向山洋一先生をはじめ「TOSSサークル」の先生方や諸先輩方、数多くの教育書から学んだことです（特に、第3章については、多くがTOSSで学んだこと）。いずれも、教師としての私の財産です。

そして、この財産を元手にして、私自身の個性に合わせたり、子どもたちの実態に合わせたりしながら整理し、アレンジしたことをまとめたのが本書です（塾講師としての経験も含めています）。そのような意味で本書は、私にとっての「守・破・離」だと言えるかもしれません。

誰もが模倣からはじめ、そこから学んだことをもとにして、自分なりの柔軟な型をつくっていきます。毎年受けもつ子どもも変わるし、一定年数で学校も変わります。こうした変化に対応するには、諸先輩方から学びながらも（まねをしながらも）、教師としての自分の個性を踏まえてアレンジすることが欠かせません。ここが、教師という職業のむずかしさであり、おもしろさです。

こうした理由から、本書では、職歴のスタートを切ってから5年目までに知っておきたいこと、身につけておきたいことにフォーカスしました。ぜひ、本書をその材料としながら、豊かな教師人生を歩んでいってほしいと願っています。

令和3年2月吉日　須貝　誠

目次

第2章 校内外の仕事の時間効率を上げる 063

第3章　授業効率を上げる　113

第1章

教師の仕事マインド・リセット

―働き方は自分で決める

教師の仕事
マインド・リセット

「みんながしている…」、（本当に必要なのかよくわからないけど）「いままでそうしてきた…」そんな理由で、やめるにやめられない仕事はありませんか？　あるいは、「隣の教室の先生がしている…」から、勤務時間内に終わらなければ〝自主的に時間外勤務をするのは当たり前〟と思い込んで、それが日常化していませんか？

確かに、教師であれば必ずやらなければならない仕事はあります。しかし、そうでない仕事もたくさんあります。あえて類型化すれば、たとえばこのような感じでしょうか。

①必ずやらなければならないこと
②必ずではないが、自分でやってみたいと思うこと
③やったほうがよいと言われているけど、本当に必要なのか判断しかねていること
④無理に続けていても、労力に見合うだけの効果を期待できないこと
⑤むしろ、しないほうがよいと思うこと

結論から言います。

④と⑤はできるだけ早くやめてしまうのが得策です。おそらく、このこと自体に異論がある方はいないと思います。

問題は、（冒頭にあげたように）「みんながしている」「みんながそう言っている」「いままでそうしてきた」ために、必要件を感じない、効果を期待できないことであっても、やめるにやめられない③にあります。

なぜ、自分の行動を変えられないのか…その理由は、むずかしいことではありません。〝ほかの人たちと違うことをすることで失敗するのは怖い。だったら、みんなと同じようにしていたほうがいい〟と、安心感を得ようとする心情から生まれる思い込みです。

ただでさえ、学校は同調圧力がかかる職場です。子どもにとってもそうですが、教師にとっても同じです。これは、よし悪しの問題ではなく、ただそういう職業特性があるということです。ですから、少しでも安心したいという先生方の気持ちはよくわかります。そうであるからこそ、少しでも心にゆとりをもてるような働き方を提案したいのです。

教師の仕事は増える一方です。さらに、学校外から数多くの（有無を言わせない）注文がもち込まれたことによって（授業づくりや学級づくり以外の）仕事が増え続けています。

増えた分、既存の仕事を減らせればよいのでしょうけど、「みんながやっている」「これまでずっとそうしてきた」と言われれば、やめるにやめられなくなってしまいます。

日々の触れ合いや授業を通じて、子どもたちの成長を促すのが教師の務めです。しかし、「あれも大事」「これも大事」と仕事が増えた結果、教師が疲弊し、授業準備の時間を確保することさえままならないのであれば、それこそ本末転倒です。

それに、「みんなと同じように」という気持ちで仕事をしている限りちっとも楽しくありません。疲労ばかりが溜まってしまうのでは、安心感を得るどころか不安感は形を変えて膨らんでしまうでしょう。

そこで、本章で提案したいのがマインド・リセットです。「あれも、これも」という気持ちや思い込みをいったん棚に上げてしまいましょう。教師である自分の個性に合う必要最低限の仕事はなにかを明らかにし、そこから漏れたことはやめてしまうという発想です。

とはいえ、教師になって間もなければ、自分がどのようなことに向いているかもわかりません。1年目にやりたいと思ったのにできなかったことは2年目、3年目の課題としてもちこせばいいのです。そのうち、時間が経つにつれて、自分に向いていないことに気づくこともあるし、やりたいこと自体も変わることだってあります。そうした自分自身の変化にこそ目を向けて、「周りの先生方がみなやっているから」という呪縛をいかにして自分から遠ざけるか…。

一口に教師と言っても、一つ一つの仕事に対して向き不向きがあります。そのため、どれだけ「みんながいい」と言っていても、自分に向いていないことに時間と労力をかけても徒労に終わるだけでしょう。そうならないためのマインド・リセットです。

そうは言っても、これまでしてきたことへのマインドをリセットするのは容易なことではありません。どういったマインドをリセットすべきかについても、経験が浅いうち、慣れないうちは、なかなかイメージしにくいかもしれません。

次に紹介するのは、私自身の苦い経験談です。

1年目に、学級崩壊を経験した私は、2年目を迎え、今度こそ〝学級を崩壊させないようにしよう〟そのために〝楽しい授業をしよう〟と決意し、手はじめにさまざまな教育書に目を通しました。

すると、物語ふうのプリントを自作している実践、ゲーム感覚で学習を行えるようにする実践などの手法がたくさん書かれていました。授業後の子どもの感想も「楽しい」という声がほとんど。そこで、早速、まねをしてみることにしました。

毎日のようにどんな物語にしようかと苦心して自作プリントを作成し、授業で使ってみたところ、子どもたちからは好評でした。私は手ごたえを感じ、何年も続けていたのですが、手ごたえと同時に違和感も感じていました。それは、授業中の子どもたちが騒がしかったこと。

自作プリントには興味をもってくれるのですが、授業がはじまってしばらくすると、教室のあちこちで授業とは関係のないおしゃべりがはじまってしまいます。その後も、教育書だけでなく、さまざまな研究会のイベントに参加し、いいとされていたことを取り入れてみるのですが、どうにもうまくいきません。

そんな私が「法則化」に出会います。しかし、「授業に法則なんてあるものか、子どもが主役の授業じゃないとダメなんだ」と思っていた当時の私は、まねをしようとは思いませんでした。相変わらず漫画ふうの自作プリントをつくり、相変わらず騒がしいなかでの授業を続けていたのです。

そんなときでした。次の言葉に出会います。

「教科書どおりに教えたほうが子どもはわかる」

「説明しなければしないほどいい」

これは、私にとって衝撃的でした。法則化・ＴＯＳＳ代表の向山洋一先生の言葉でした。〝具体的にはどういうことなのだろう〟とすごく気にはなったものの、相変わらず自作プリント中心の授業、ゲーム性のある活動中心の授業にこだわり続けていました。

算数では、ミニカーとストップウォッチを教室に持ち込み、競争させながら速さの学習をさせていました。子どもたちはおもしろがって活動してくれるのですが、テストの結果はちっともよくなりません。

ここまできて、ようやく自分のしていることを根本的に疑問視するようになったのです。そこで、食わず嫌いだった向山先生の授業記録を収録したＣＤを買って聞いてみました。全国各地で開催されるセミナーにも参加しました。自分が受けた衝撃の正体を探ろうとしていたのです。

おそらく、このころからだったと思います。「本当に効果的な教え方とは何か」「効率的な働き方とは何か」について考えるようになったのです。いま現在の私の授業、働き方は、このときの経験によって形成されたといっても過言ではありません。

周りの先生がやっているからという意識を外せるようになったのも、このころからでした。ここにきて、ようやく自分のマインドをリセットできたのです。

教科書どおりの授業を実践してみると、明らかに子どもたちの私語が減り、代わって授業への集中度が増していきました。その結果、だんだんと子どもたちのテストの点数にも変化の兆しが見られるようになっていったのです。

ここで言いたいことは、自作プリントそのものを否定したいわけではありません。力のある先生がつくったプリントもあるからです。それにまた、すべての先生方に「法則化」で言われていることしかやってはいけないと言いたいわけでもありません。たとえて言えば、自分に合わない服を着こなそうと奮闘していた私が、数年かけて自分のマインドをリセットできたことで、ようやく自分に似合う服を見つけたということです。あくまでも私の個性にとっては、「法則化」が必要だったということです。

本書では、「本当はしなくてもいい」ことがいくつも登場しますが、これらはいずれも向山先生の考え方や手法から学び、自分なりに整理したものです。

「法則化」と言うと、それだけで批判の目を向ける方もいるでしょう。賛否両論などと言いますが、「法則化」そのものは自分の個性に合う教師と合わない教師がいるのも確かです。そのため、よくも悪くも両極端な評価になりやすいのです。

しかし、（全肯定でも全否定でもなく）かつての私のように食わず嫌いをやめて虚心坦懐に読んでいただければ、自分が抱えているマインドの特徴を知り、リセットするためのヒントを見つけられると思います。

本書を通じて自分が納得できるところから、自分の力でできそうだと思うところから、少しずつ変えていけばいいのです。

かつて、漫画家の故・手塚治虫先生は、こんな言葉を残しています。

僕のなかでは満足できる漫画を描けたことはないんだよね。いつも、次こそは、次こそは、満足できる作品を描こうと思っている。

ベテランの先生と同じにしなくていい

以前、こんなことがありました。帰りの会での出来事です。小学校3年生のクラスを受けもったときのことでした。

教師になってまだ日の浅かった当時の私は、その日の授業がすべて終わっても、子どもたちをすぐに下校させないようにしていました。というのは、隣のクラスの子どもたちが、いつまで経っても教室から出てこなかったからです。ベテランの先生のクラスだったから、そういうものなのかなと思っていたわけです。

そこで、私のクラスでは、今日がんばった子をみんなで褒め合ったり、何かトラブルがあればどうすればよいのかについて、子ども同士で話し合いをさせたりしていました。話し合いのネタが尽きると、明日の予定を連絡帳に書かせていました。内心、〝早く教室から出てきてくれないかなぁ〟と思いながら…。しかし、5分、10分と経っても、隣の教室からは子どもたちがいっこうに出てきません。

帰りの会がはじまってしばらくすると、私のクラスの子どもたちは騒ぎはじめます。日直がみんなの前に立って「静かにしてください」と何度言っても、ちっとも静かになりません。

授業が終わったら、さっさと帰りたいのが子どもです。にもかかわらず、なんだかよくわからないまま、時間を引き延ばされたのですから当然の反応だったと思います。

それから月日が流れ、今度は別のあるベテランの先生の帰りの会でのことです。子どもたちが30分以上経っても教室から出てきません。どうやら帰りの会がはじまってもおしゃべりをやめない子どもたちが静かになるのを、教師は何も言わずにじっと待っていたようなのです。2年生のクラスでした。

その帰りの会がようやく終わったのは、子どもたちが静かになったからではありません。「うちの子がまだ、帰って来ないんですけど…」と保護者からの電話によって急きょ中断されたわけです。

こうしたことがあって、帰りの会をどのようにもつのが適正なのか、私は考え込むようになりました。そんなあるときのことです。「帰りの会はしない」という先生の存在を知りました。「鍛える国語教室」という雑誌を出していた野口芳弘先生の言葉です。おおよそこんなことを言っていました。

向山先生と私が同じ学校にいたら子どもを帰すのは私のほうが早い。私は何もしないから。

必要な連絡があれば、給食の時間にしてしまう。手紙類も下校前までに配っておく。ランドセルの準備も5、6時間目に使うものだけ残して準備させておく。授業が終わったら「さよなら」とあいさつだけしてさっさと子どもを家に帰す。だから1分もいらない。

子どもたちはすぐに下校できたほうが喜びます。だからそうすればいい。こんな単純なことを受け止めるのに、私はずいぶんと時間を要しました。それは、とりもなおさず〝ベテランの先生の行っていることはまねしないといけない〟というマインドにとらわれていたからにほかなりません。

しかも、1分でも早く子どもを下校させたほうが、教師にとっても事務的な仕事をする時間が増えます。その分、勤務時間内に仕事が終わる確度も上がるでしょう。こんなことがあって、〝なにもベテランの先生と同じようにしなくてもいいんだな〟と考えるようになりました。

いまの時代、「仕事が多すぎ」「教師は忙しすぎ」と言われます。そのために、1年も経たないうちに退職してしまう教師もいます。そのため、一つ一つの仕事の量をいかに減らせるかという視点から、働き方を再考しようとする動きもあります。

しかし、**いま自分たちのしている仕事の種類は減らさずに、それぞれ均等に量を軽減しようとすれば、一つ一つの仕事の質がただレベルダウンしてしまう**だけではないでしょうか。

そこで強調したいのが、やはりマインド・リセットです。〝教師である以上は…〟〝ベテランの先生がやっているから…〟〝講師の先生が言っていたから…〟という、「しなくてはいけない」という思い込みを外します。教師としての自分の特徴を見つめ直してみる、そのうえで自分にとって本当に必要なことにフォーカスし、それ以外のことは（職場環境が許す限り）さくっとやめてしまうことです。

また、教師になって間もない時期であれば、できることは限られています。〝新米でもベテランでも、子どもや保護者から見れば同じ教師〟です。ただ、ベテランの先生がやっていることにとらわれすぎると、（かつての私のように）自分より経験を積んだ隣の教室の先生のしていることが気になって仕方がなくなります。

ですから、〝ベテランの先生と同じになどできるわけがない〟〝うわべだけまねても、うまくいくはずがない〟と割り切って、自分にできそうな仕事に限定してしまうほうが得策です。

では、周囲の先生方がしていたとしても、「しなくてもいいこと」にはどのようなものがあるでしょうか。一例を挙げます。

1 前の黒板への掲示
2 授業開始と終了のあいさつ
3 学級（専科）通信を書くこと
4 子どもとの毎日の日記のやりとり
5 「残飯ゼロ」の給食指導
6 漢字の採点
7 放課後の市販テストの採点

8 発言回数調べと賛成・反対調べの帽子
9 職員朝会での司会の復唱や資料の読み上げ
10 音読カード
11 「めあて」の板書
12 構造的な板書
13 その他（休むこと・断ること、指導主事からの指摘）

ざっと目を通して、「これは自分でも続けていけそうだ」「ちょっとやってみたいかな」と思えるものがあれば、選択的に取り入れてみるのがいいでしょう。

ここでは、「どのような理由からしなくてもいいのか」について説明します。

1 前の黒板への掲示

小学校では、前面の黒板に時間割や今月の目標、給食・掃除当番表などを掲示している教室が多くあります。学年通信、学級通信などが掲示されていることもあります。黒板の左端に今日の予定（時間割）が書かれていたり、何らかのカードが貼られていたりすることもあります。

特別支援教育の観点からすると、前面の掲示板、黒板には何も掲示しない、貼らないほうがいいとも言われます。何もなければ子どもは、先生が黒板に書いた文字だけを目にすることができるので、集中力を分散させずに済むという考え方です。

もっとも、最近は少し考え方が変わってきているようです。特別支援を必要とする子については、先を見通せるように、むしろ積極的に予定を掲示したほうがよいという考え方です。このように一口に教室掲示といっても、考え方はさまざまです。

ところで、米国では、（州にもよるかもしれませんが）教室の前も横も後ろも、壁という壁、すべてに掲示物が貼られているそうです。そして、教室掲示に対する考え方が、日本とは違うというのです。米国では、掲示物に書かれたことを見ながらテストの問題を解くことができるスタイルのようです。

こうしたことからもわかるように、重要なのは必要性と必然性です。なんのために教室掲示を行うのか、何を掲示するのか、なぜその場所に掲示するのかなど、子どもたちの学習に寄与する（と自分なりに考える）明確な意図があれば、どんどん掲示すればいい。逆に、そこまでの意図がないのであればやめてしまったほうがいいということです。（繰り返しになりますが）「みんながしているから」は建前であって、意図ではないということです。

産休補助などで、学期の途中から担任として私が学級に入ったときなどは、よく教室の掲示物を剥がしていました。殺風景だと言われたこともありますが、いっさい気にしませんでした。「学校教育目標だけは必ず掲示してくれ」と言われたときはさすがに掲示しましたが、掃除ロッカーの隅など、適当な場所に掲示し直したこともあります。

これは、別に反抗してやろうと思ってしたことではありません。「自分なりの必然性を説明できないことは、（法や学校全体としての決めごとでもない限り）しない」と決めていたからです。（どのような取組にも共通することですが）こうした線引きを自分のなかにしっかりもっていないと、しなければならないことは増える一方です。のみならず、必要性を感じられない取組は教師を疲弊させるだけで、子どもたちへの学習効果も期待できません。

2　授業開始と終了のあいさつ

「これから、1時間目の授業をはじめます」という授業開始のあいさつは、なんのために行うのでしょう。

よく言われるのは、「休み時間とのけじめをつけて、授業に向かう意識に切り替えるため」というものです。しかし、はたして本当にそうでしょうか。教師のほうはそのつもりでも、子どもたちのほうはどうでしょう。みんなであいさつをすることによって、どの子の意識もスパッと切り替わるものでしょうか。

武道の世界であれば、「礼にはじまり礼に終わる」ことが重視され、必ずあいさつを行います。そうするのは、これからお互いに暴力的な行為を行うことを互いに詫び、相手をリスペクトする謙虚な気持ちをもって試合に臨むことがどうしても必要だからです。それは、無用なケガやトラブルを避けるなどの明確な目的があり、必然性があります。

これに対して、授業開始のあいさつはどうでしょう。私たち教師はこのような必然性をもって授業に臨んでいるでしょうか。どちらかというと、慣習的な意味合いが強く、（あいさつ全般を否定的にとらえているわけではなく）授業開始のあいさつに子どもの意識を変える効果は（まったくとは言いませんが）ないと思います。少なくとも、どれだけしっかりあいさつさせたところで、まったく意識が切り替わらない子どもが一定数いることは間違いありません。

これは、授業終了のあいさつも同様です。チャイムが鳴ったら友達とおしゃべりしたり遊んだりしたいのが子どもですから、ソワソワさせるだけです。まして、全員の子どもが声を揃えてしっかりあいさつできないと何度でもやらせる、あるいは子どもたちが静かになるまで待つなどということを続けていれば、（いまの時代、規律が順守されるどころかむしろ）学級が荒れる要因にもなりかねません。

（意識を切り替えるにせよ、静かにさせるにせよ）そもそも待つ時間が無駄です。その時間が長くなればなるほど、子どもたちは「意識を変えることが大切」「早くみんなで静かになろう」などとは思いません。自分はできたのに待たされ続ける子どもにとっては理不尽な時間以外のなにものでもありません。やがて「できる子」ほど教師の言うことを聞かなくなります。

こうしたことを知ってから、私は、授業開始のあいさつ、授業終了のあいさつをやめてしまいました。チャイムと同時にすぐに授業をはじめてしまいます。自分の席についていない子どもがいてもそうです。

横暴に感じられるかもしれません。しかし、そうした子どもが席に戻らず教室や廊下をうろうろしはじめるかといえば、そんなことはありません。慌てて席について授業に参加します。

私は、以前こんなことを教わったことがあります。なぜか。

子どもたちの意識を瞬時に切り替えたければ、授業に惹きつける導入を工夫すればいい。

これさえできれば、あいさつはしなくてもよいものになります。むしろ、（前述したような待たされる時間を含めて）あいさつの分だけ授業時間をしっかり確保できるので効率的です。

3　学級（専科）通信を書くこと

学級通信については、毎日出している先生もいれば、週に1回、月に1回などと定期的に出す先生もいます。あるいは、出したいときに出すという先生もいます。また、理科専科の先生が理科通信を発行したり、少人数算数担当の先生が算数通信を発行することもあるでしょう。

いずれも共通することは、発行するか否かは教師に委ねられているということです。もちろん、こうした通信を活用して、授業や子どもたちの様子などを保護者に伝えることで、保護者との関係を良好にするという効果があることは間違いありません。しかし、さまざまな仕事があるなかで、通信の作成に自分の時間と労力を注ぐことが本当に効果的で効率的であるかについては、自分なりに検討してみる必要があります。

たとえば、教師になって間もないうちは、授業準備ひとつとっても時間がかかります。教材研究だってそうでしょう。ここにしっかり自分の力を注ぐ時期ですから、「ある程度、授業が様《さま》になってから挑戦すればいい」と割り切ってしまうのも手です。

4　子どもとの毎日の日記のやりとり

日記は、子どもとの円滑な人間関係の構築や子ども理解に役立つ取組の1つとして古くから行われています。

たとえば、毎日やりとりしている先生であれば、子どもに日記帳を2冊持たせておいて、そのうちの1冊を預かっておきます。その日のうちに、子どもに返さなくてもゆっくり読めるからです。もう1冊のほうは、その日のことを書かせて翌日、提出させます。するど、子どもと教師とで交互に提出したり返却したりすることができます。

以前、提出させる曜日を班ごとに決めていた先生に出会ったことがあります。月曜日は一班が出す、火曜日は二班が出すという案配です。かりに4人編成の班であれば、毎日のやりとりは4人分の日記を読み、コメントして返せばいいことになります。ただし、子ども一人につき1週間分を一気に読まないといけない点にたいへんさがあります。

また、休み時間や給食の時間などに子どもの日記を読む先生もいます。コメントだけでなく、ハンコを押してあげる先生もいます。コメントのほしい子だけに、コメントを書くという先生もいました。ほかにも、子どもの書いた内容を添削する先生もいました。

いずれも共通することは、先生によって日記の位置づけも取り入れ方もいろいろだということです。そしてまた、この日記もしなければならないものではありません。むしろ、よほどその教育効果を確信しているのでない限りしなくてもよいと思います。

5 「残飯ゼロ」の給食指導

ひところ「残飯ゼロ運動」がもてはやされました。特定の食物へのアレルギーのある子どもが少なくないこともあって、批判的な声が上がりましたが、いまも実施している学校もあるようです。

昭和の時代に子どもだった方は、「給食を食べ切らないうちは遊んではいけない」という指導を受けた、またはそうした光景を目にすることがあったと思います。私もその世代の一人です。

私が担任していたときは、たとえばニンジンを食べようとしない子がいると、「一口だけでも食べてごらん」と声をかけていました。ただ、その一口を食べなかったとしても叱ることはしませんでした。

一人一人、体格も体質も違う子どもたちです。「みんなと同じ食材を、同じ量、同じ速さで食べることが正しい」という考え方が、どれだけ子どもに無理を強いるものなのか…よく考えればわかりそうなものです。

しかし、ひとたび「食べ残しがないように指導しないといけない」という空気が校内に蔓延してしまうと、反対の声を上げにくくなるのも事実です。こうしたことは、「残飯ゼロ運動」に限った話ではないと思います。

学校はそもそも（よい方向にも悪い方向にも等しく）いったん針が振れると、一斉にその方向に向かって強い同調圧力がかかってしまう場所です。そうであればなおさら、子どもの成長に寄与するどころか有害になり得るようなマインド（思い込み）であれば、（周囲が何と言おうと）リセットすべきです。

昔、中学校を舞台としたテレビドラマで、こんな話がありました。その学校では「残飯ゼロ運動」に似た取組を行っていて、ある日、担任の先生が出張中だったことから、初任の先生が代わりに給食指導にあたります。

その初任の先生は、ある子の給食の食べ残しを（あってはいけないことだと思い込んで）袋に詰めて自宅まで届けてしまいます。後日、このことを知って驚いた担任の先生は、次の給食の時間のすべての食べ残しを集め、まとめて捨ててしまいます。それに対して、「いいんですか、そんなことして」と驚く初任の先生に「いいんです」と答え、子どもたちに向かってこう言います。

「（食べられないものを無理して食べる必要はない。ただ）世の中には食べたくても、食べられない子がいることも覚えておきなさい」

実際に学校現場で起きた出来事を下敷きにしたドラマだったようです。（体格、体質、性格、家庭環境、成育歴などの）子どもの現実を置き去りにして、〝教師本位の取組が行きすぎると、教育現場では何が起きてしまうのか〟を示唆する逸話であるように、私には思えます。

6　漢字の採点

漢字テストの採点は子どもに任せてしまって問題ありません。

漢字テストであれば、隣の子同士で交換させ、黒板に教師が正しい漢字を書きます（あらかじめ、答えを印刷した用紙を配ってもかまいません）。次に、「この部分は、絶対にはねていなければ○にしてはいけない」などと答え合わせのポイントを伝えます。子どもたちは答えを見ながら、隣の子のテストを採点します。子どもから質問があれば、そのつど対応します。

実際にやってみるとわかるのですが、子どもたちは、結構厳しく採点します。隣の子に採点してもらって疑問があれば、子ども同士で話し合わせます。それでも疑問が残るようであれば、教師が仲介的な指導に入ります。

子どもたち同士で採点し終えたら、解答用紙を集めて教師が目を通せれば確実です。教師が採点するよりも、実は学習効果が高いのではないかと感じています。

7 放課後の市販テストの採点

一般の市販テストの採点の仕方は、漢字テストとは異なります。子どもたちが解き終わるまでの時間に大きな差が生じる算数などのテストだと、子どもによる採点は向かないからです。

そこで、個人差を活用して採点します。

たとえば、早く終わった子どもから解答用紙を提出させて採点します。提出した子どもには、あらかじめクラスの約束事として決めておいた自主学習をするようにしておきます。この方法であれば、早く解き終わった子どもが暇をもて余して待たされることはなくなります。教師のほうも提出されたものから順に採点できるので、とても効率的です。低学年であれば1時間のうちに採点や名簿への記録まで済んでしまうこともあります。1時間の授業内で返却して間違いを直させることまでできることもあります。

これも一つのマインド・リセットです。テストの開始は一斉ですが、「終了の時間

（解答用紙の提出）も一斉でなければならない」という思い込みを外すということです（テストの開始さえも合わせせないときもあります。また、早く席についた子からやらせることもあります）。

それにしても、どんな取組でも学校ではなぜ一斉にしようとしてしまうのか…。その根底には、「どんなときでも〝みんな一緒に〟のほうがいいはずだ」という価値意識があるのだと思います。確かに、〝みんな一緒に〟という意識で取り組んだほうがいい場面は、学校にはたくさんあるでしょう。しかし、この言葉の前に、〝どんなときでも〟という枕詞がついた途端、弊害のほうが勝ってしまうように思います。

8　発言回数調べと賛成・反対調べの帽子

1時間の授業中にどの子が何回発言したかを記録しながら授業している先生がいます。授業中、子どもが発言したら発言回数がわかるように（1回目であれば人差し指というように）、ハンドサインを出させる先生もいます。ほかにも、授業中のだれかの意見に対して賛成であれば白、反対であれば赤といったように、赤白帽子をかぶらせる先生もいます。

このような実践のいずれも、授業者にとっての意味や意図があると思いますが、マイナス面もあります。

発言回数を数える先生の授業であれば、回数を名簿に記録するたびに授業がストップします。一見、おもしろそうな取組に見えても、こうしたマイナス面を上回るプラス面を自分なりに見いだせないならば、取り入れないほうがよいのです。

積極的に発言しているのはどの子か、発言に躊躇している子はどの子か、ということであれば、発言回数の正確性を期さなくても、ふつうに授業をしていればおよそわかります。そうできるような力量形成をめざすほうが賢明でしょう。

9　職員朝会での司会の復唱と資料の読み上げ

職員朝会を行っている学校は多いでしょう。また、最近では子どもが下校してから「夕会」を行う学校もあると聞きます。このような会で誰かが発言すると、そのたびに復唱する司会者もいます。

「休み時間に会議室で、代表委員会を行います。代表委員の子に声かけをお願いします」

「はい、中休み、会議室で代表委員会です。子どもに声をかけてください」

という調子です。また、会議資料の全文を読み上げる取組もあります。

しかし、いずれも有意義とは思えません。スパッとやめたほうがよいと思います。朝であれば、少しでも早く自分の教室に行きたくて、早く終わってほしいと内心、ソワソワしている先生方も多いことでしょう。とはいえ、朝会や夕会の意義を否定したいわけではありません。会のもち方を工夫したほうがよいということです。

会に参加しているのは、いずれも大人です。子どもではありません。どのような発言も聞けば一度でわかります。聞き逃すことがあれば、隣の先生に聞けば済むことです。資料も前日に配っておき、事前に読んでおけば読み上げる必要もありません。

逆に、夕会はもちろん、朝会も行っていない学校もあります。ある学校では、朝会の代わりに掲示板を活用して必要事項を共有したり、資料を掲示板の脇に配置したりして、それぞれで取っていくシステムを採用していました。

働き方改革が叫ばれる今日です。1分、1秒でも無駄にはできないし、朝会に限らず、同じ学年の先生とのちょっとした打ち合わせであったとしても時間厳守、お互いに納得のいく方法で行う必要があると思います。そのためには、「これまでしてきたことだけど、これからも本当に必要か」「必要だとしても、いままでと同じやり方でよいか」など、当たり前を見直すまなざしが、今後ますます必要になるでしょう。

10　音読カード

子どもに音読カードをもたせる学校は多いと思います。私がいままでにかかわった勤務校では、お家の人に聞いてもらって、サインをもらってくるシステムを採用していました。

ある日、カードをチェックしていると、保護者のサインではなく、明らかに子どもが書いたと思われるサインを見つけました。その子に事情を聴いてみると、「お母さんに音読を聞いてはもらったけど、サインしてくれなかったから自分で書いた」ということでした。ほかにも、朝、教室でこっそりサインしている子も見受けられました。

私はわざと見逃していました。いまどき共働きの家庭は多く、保護者に音読を聞いてもらうのがむずかしい子どももいるでしょうから。それに、そもそも「音読は、授業で指導し身につけさせるべきことだ」という主張を耳にしたことがあります。私もそのとおりだと考えていたので、黙認していたわけです。

11　「めあて」の板書

「授業のはじめには、必ず『めあて』を板書しないといけないのか」

結論から言うと、その授業にとっての必要性や教師の意図ありきでしょう。

私が以前学んだ授業スタイルに、「めあて」を読ませてからすぐに「まとめ」を読ませる授業があります。そうすることで、たとえば社会科であれば、「なぜ、この『まとめ』なのか」「資料のどの箇所からそう言えるのか」を探させる（推論させる）授業を行うことができます。

また、あえて「めあて」を板書しない授業もあっていいのです。あるとき、算数の時間に「めあて」を板書せずに授業を行ったところ、ある教育アドバイザーからこんな意見をもらったことがあります。

「さきほどの授業では、その時間に行う問題をみんなで音読させるところから入りましたね。その点がよかったと思います。問題を読ませること自体が本時のめあて、学習課題になっていたからです」

これは、「授業の冒頭で『めあて』を板書しないほうが絶対にいい」と言いたいわけではありません。教師がどのような意図をもって授業に臨むのかいかんで、その必要性が変わるということです。

逆に、「板書しないといけないんだ」と思い込んで教師としてのやることリストをこなすだけになってしまえば、「めあて」そのものの意義が失われます。杓子定規である限り、肝心の「めあて」の中身が子どもには届かないでしょう。

最近では、大学の附属小学校などでも、「めあて」を板書することが疑問視されていると聞きます。むしろ、子どもを惹きつける導入に注力したほうが、子どもは授業の冒頭から集中するのではないでしょうか。

演劇などでは「今日はこんな内容の劇をします」と種明かしをしてから開演することはありません。幕が上がった途端に舞台で役者同士が怒鳴り合っている、雷の音響がホール中に鳴り響くなど、導入によって一瞬のうちに観客を引き込んでしまいます。

授業のすべてを演劇になぞらえるつもりはないのですが、もし、授業の冒頭で「今日の授業はこの先、いったいどうなるんだろう？」と子どもの興味を引ければ、授業を活性化する確度が上がるということは言えるでしょう。

12　構造的な板書

特に、小学校では「1時間の授業の流れがわかる板書」「1時間でこんな学習をしたんだとわかる板書」といった、いわゆる「構造的な板書」の有用性を説かれることが多いと思います。この考え方に対しても、私は疑問をもっています。というのは、「子どもに黒板に書かせる」という方法もあるからです。これは、「参加型板書」と呼ばれます。

ここでは、必ずしも板書を構造的にする必要はないとだけ述べておきます（第3章で詳述）。

13　その他

①休むこと・断ること

教育界に限らず、どの業界でもそうかもしれませんが、（初任や2年目、3年目の時期には特に）「できません」「したくありません」とは言いにくいものです。しかし、心からそう思うことであれば口にしたほうがいいです。それに、実際に言ってみなければ、どういう結果になるかわかりません。「いえ、やってください」と言われるかもしれないし、「しなくても大丈夫だよ」と言われるかもしれないということです。

最初のころは、仕事の軽重も、役割の軽重も具体的にイメージできません。ですから、なおのこと正直に言ったほうがいいのです。

自分が「できない」と思ったこと、「したくない」と思ったことに、あえてチャレンジすることによって力量形成が図られることがあることも確かです。しかし、無理だけは禁物です。たとえば、体調管理に気をつけていても、病気になったら、何年目だろうが休みましょう。

「体調が悪いけど職場に来て、がんばって授業をした」といった、いわば「効果」よりも非効率的ながんばりが称賛される空気が学校には根強くあります。しかし、これからの時代は「効果」こそ重視されるべきです。

そのためにも、（現状では組織的・費用的にむずかしさがあることを承知のうえで言うのですが）急きょ誰かが休んだとしても、ほかの誰かが無理なく代われる仕組みや、子どもたちの学力形成につながる（ＩＣＴなどを活用した）自学自習の仕組みの構築が、これからの学校には必要なのでしょう。

②指導主事の言うことは絶対ではない

研究授業の際に、本時までに行ってきた授業や板書の内容を模造紙に書いて教室に掲示しておくことがあります。第１時にはこんな授業をした、第２時にはこんな板書をしたといった案配です。

このような取組に対しては、協議会の場で、講師の指導主事から「授業の流れがよくわかるのでよい試みですね」と評価を受けることがあります。すると、次の研究授業から、どの教師も同じ取組をしたほうがよいという声が上がるかもしれません。実際、私も同じようにしたことがあるのですが、やめてしまいました。

かりに、本番の授業中にこれまでの学習を子どもに振り返らせるために掲示するのであれば、多少は意味があるのかもしれません。しかし、そうでなければ、時間と労力の無駄です。

もうひとつ、（これは来校される講師の指導主事の問題とは言えないのですが）協議会の場が講師と対等に議論し合える場になっていない点についても言及しておきます。

参加者の先生方のなかで講師に質問する方はいますが、議論になることはまずありません。質疑応答は常に一往復なので、指導主事の指摘をそのまま受け止めるか聞き流すしかできないのです。

たとえ知識も経験もある相手であっても、（むしろそうであるからこそ）お互いの考えが双方向でなければ、参加者にとって本当に必要なことが浮き彫りになりません。まして、指導主事の言うことはすべて正しいとばかりにうのみにしてしまえば、それこそ自分の個性に合わない（成果を出せない）実践にとらわれてしまうのではないかとさえ、私は考えています。

自分の職歴・ステージで仕事をしよう

教師が一番重視しなければならない仕事は、一人ひとりの子どもたちの成長を促すこと、殊に学力を伸ばすことです。逆に言えば、子どもたちの学力向上に寄与しないことであればしなくていい、弊害となるようなことであればしてはいけないということです。

そのためにも、自分なりのこだわりではじめたことであっても、効果を実感できなければやり方を変えるか、やめてしまうという踏ん切りが大切だと思います。確かな効果が見られれば（周囲の先生方が誰もしていないことでも）続ければよいし、さらなる改良を試みて自分なりの発展形をつくるのも楽しいでしょう。

むずかしいのは、その見極めです。本章の冒頭で紹介した私の失敗談のとおり、「みんながしているから」といったマインド（思い込み）を払拭できないとやめられません。「この方法は本当によいのだろうか」とうすうす疑っていることでもやめるにやめられず、見極めるべき時機を失してしまうのです。そこで、ここでは次の４つにフォーカスします。

●自分の仕事のサイクルを意識する
●周囲の先生の意見は大切だが、うのみにはしない
●心のゆとりを生み出す働き方を工夫する
●職歴・ステージごとに自分の仕事を考える

〈自分の仕事のサイクルを意識する〉

得意なことを生かして、いい循環をつくる

教師が職能成長を果たしながら働くに当たっては、次のサイクルがあります。

自分の個性を知る → ストレスなく働けるようにする → 新たな自分を発見する

この繰り返しでいい循環を生み出せれば、スパイラル的によりよくなっていきます。そのためにはまず、教師としての自分の個性を生かした仕事をすることです。これが、効率的な働き方につながります。それほどむずかしいことではなく、自分が好きなこと、得意なことを学級づくりや授業づくりにもち込むということです。

休み時間に子どもと一緒に遊ぶのが好き、体力には自信がある、ギターが弾ける、文章を書くのが得意、運動が得意、子どもの話を聞くのが好きなど、どんなことでもかまいません。（前述では「しなくてもいいこと」として挙げましたが）文章を書くことが好きで得意であるというのなら、（書くこと自体に意味を見いだせるわけですから）たとえば「学級通信」を毎日書くようにしてもいいのです。

なによりもまず、自分が楽しく取り組めそうなことに注力するのです。好きなことですから負担にはならないでしょうし、得意なことですから効率的に行うことができるはずです。

かく言う私自身、教師になって間もないころは「学校の仕事にはサイクルがある」「自分の得意なことを生かせばいい」などと思いもよりませんでした。そう思えるようになったきっかけは1冊の本です。その本に登場する先生は、自分がもっとも得意な俳句づくりを学級づくりに生かしていたのです。子どもたちに俳句をつくらせて句会を開くことを通じて、学級をよりよいものにしていったというエピソードです。

では、このエピソードをまねをすれば、いい学級になるでしょうか。おそらくうまくいかないでしょう。俳句が好きで得意であることが前提条件となる実践だからです。ですから、**まねをすべきは俳句を取り入れることではなく、「自分の好きなこと、得意な**

ことを生かすこと」です。

私は、(俳句は門外漢ですが)どのように構成すれば文章を書けるかを教えるのが好きだったので、国語の授業だけでなく、学級活動などのさまざまな場面で取り入れるようにしていました(朝の会でスピーチをさせるときに、文章の書き方を教え、スピーチに応用できるようにしていました)。このように、自分の好きなこと、得意なことを生かすことが、仕事のいい循環を生み出す第一歩となります。

〈周囲の先生の意見は大事だが、うのみにはしない〉

他者の意見のよし悪しは自力で判断する

周囲の先生の意見から学ぶことは大切です。「まなぶ」という言葉は「まねる」という言葉と語源が同じだとも言われます。ですから、周囲の先生の取組をまねることも大切でしょう。しかし、言われたとおりにするのか、はたしてそれでうまくいくのかの判断は、自分の個性と照らし合わせて自力で行うのがよいと思います。

力量や経験が伴わなければ、判断を誤ることもあるでしょう。でも、それでいいのです。自分なりに考えて失敗したことですから、原因を探ることができます。失敗を次の実践の糧にできるということです。

しかし、ろくに考えもせずにうのみにしてしまった事柄で失敗した場合は、そうはいきません。なぜそうなったのかを考えることができないからです。そのためにも、自分なりに考えた末の「選択・判断」を必ず挟みましょうということです。

本章の冒頭で紹介した（私の失敗談である）自作プリント中心の授業は、自分の個性に照らし合わせた「選択・判断」を挟んだものではありませんでした。

教師になって間もないころ、「教科書中心の授業はよくない」という信念のもとで授業を行っている実践を参観したときのことです。教師も子どもも生き生きとした姿を垣間見てたいへん心を動かされました。

しかし、法（学校教育法第34条）は教科書の使用を義務づけていますから、私は思い切って授業をされた学校の校長先生に尋ねてみました。返ってきた答えは「教科書は（国民を一律化させるもので）よくないから」。

いまでは、反体制的な組合活動は下火になって、特定の偏ったイデオロギーが教育現場にもち込まれることはほとんどないかもしれません。しかし、当時はまだ旺盛で、私はよく考えもせず（経験もなかったことから）すっかりうのみにしてしまったのです。その結果が、（学級崩壊にもつながってしまった）マインド（思い込み）を形成してしまうことになったわけです。

イデオロギーうんぬんといった話題は、現在の若い先生からするとピンとこないかもしれません。しかし、どの時代にも共通することがあります。それは、（たとえ権威ある方の助言であっても）他者から言われたことを、自分なりに考えもせずうのみにすると、自分の個性を発見できなくなる（むしろ遠ざかる）ということです。

当時の私は、「自作プリント中心の授業がよい」という考えにとらわれて、得意どころかむしろ苦手なイラストを描くことや、物語をつくることに時間を費やすばかりでした。つまり、自分のステージではない場所で仕事をしていたということです。

〈心のゆとりを生み出す働き方を工夫する〉

効率的な仕事と心のゆとりを循環させる

効率的に働けるようになると、時間的にも精神的にもゆとりが生まれます。逆に、心にゆとりをもてると、よりいっそう効率的に働けるという循環が生まれます。その結果、予定していた時間より早く仕事が終わることもあります。

このように働けるようにするには、本当に必要な仕事なのかを見極めたり、どうすれば早く終わるのか、効率性を考えたりする必要があります。ここで重要な考え方を提示しておきます。それは、**「非効率的ながんばり」から、「効率的ながんばり」を重視する考え方にシフトする**ということです。

そんな私も、昔はそうではありませんでした。よく夜遅くまで学校に残っていました。次の日の授業準備ひとつとっても、いっこうに終わりが見えてきません。これでは、心のゆとりどころではありません。

なぜ、そうなってしまうのか。その答えはシンプルです。授業には唯一無二の正解などなく、なにをどれだけ準備をしても終わりがないからです。だからこそ、「どこまでいったらよしとするか」というゴールは自分で定める必要があるのです。

教師の仕事は授業だけではありませんから、さまざまな仕事を他者から要求されることも少なくありませんが、究極的には同じです。「その日の仕事のゴール」を決められるのは自分自身だけだということです。

では、どこにゴールを設定すればよいのでしょうか。授業の質でしょうか。もちろん大事なことですが、それでは効率性から遠ざかります。しなければならないことを自ら増やしてしまうことが多いからです。では、どこか。この答えも、いたってシンプルです。それは勤務時間です。その日の仕事は勤務時間中に終わらせるということです。

「なにをいまさら、当たり前のことを」と思われるかもしれません。あるいは「それで授業の質が落ちたら本末転倒だ」と思われるかもしれません。

しかし、ここにこそ発想の転換が必要なのです。それは、次の発想です。

いかにして、その日の勤務時間中に、いい授業を行う準備を終わらせるか。

「それこそ、困難だ」という声も聞こえてきそうです。だからこその発想の転換です。たとえ授業改善に寄与する取組だったとしても、終わりが見えず、毎日のように夜遅くまで学校に残り、体と心に疲労を抱えたまま朝を迎える。そんなルーチンを続けていて、いい授業ができるでしょうか。いくら徹夜しても疲れ知らずな方もいるかもしれませんが、何十年も続けていけるでしょうか。

私は、（授業改善への道のりはのんびり足だったとしても）心にゆとりをもち、元気はつらつで臨むほうが、いい授業になる確度が上がると思います。そのためにも、仕事をすべきときは仕事に集中する、休むべきときはしっかり休むというメリハリが欠かせないのです。

（繰り返しになりますが）授業には唯一無二の正解はありません。ですから、教師自身が自分の個性に合った実践を行ったほうがいいし、「どこまでいったらよしとするか」を自分で決められたほうがよいのです。そのために、（降って湧いてくるような仕事もありますが）その日にすべきことは自分で決めて勤務時間中に終わらせる、そのために必要な努力こそ惜しまない、ということです。これが、「自分の働き方は自分で決める」ということなのです。

このように発想を転換すれば、おのずと仕事の仕方が変わります。それは、「仕事は逆算でつくる」という考え方であり、読者の先生方におすすめしたい手法です。これが効率につながり、心のゆとりをもたらします。

逆算で仕事をつくれるようになると、明日行うつもりだった仕事の一端を今日のうちにできることもあります。このような効率的な循環が心のゆとりにつながります。心にゆとりをもてると、必要以上にストレスを抱え込むこともなくなります。

〈職歴・ステージごとに自分の仕事を考える〉

経験年数ごとに自分の課題を設定する

次に挙げる年数ごとの課題は一例にすぎませんが、ひとつの参考にはなるでしょう。

【1年目】授業準備に注力する
【2年目】先を見通しながら仕事をする
【3年目】逆算しながら仕事ができるようにする
【4年目以降】自分の専門教科の特性をさまざまな場面で生かす

【1年目】授業準備に注力する

1年目は、授業準備や教材研究の仕方を身につけることに注力します。

教材研究をするときには、教科書の教師用指導書を活用してもかまいません。この指導書には、授業で教える手順だけでなく、授業で直接的に子どもに教えるわけではないものの、教師であれば知っておいたほうがよいことが掲載されています。こうした資料的な部分を読み込んでおきます。

ただし、実際の授業をどう進めればよいかについては、指導書だけではイメージすることがむずかしいと思います。たとえば、「問5を扱う」といった書き方がなされている場合、授業のどのような場面でどのように問5を扱えばいいのかがわからないからです。

初任のころは指導教官がついているので、疑問に思うこと、不思議に思うことがあれば質問します。さらに、指導教官だけではなく、ほかの先生方にも指導教官に対して投げかけた同じ質問をしてみます。

「A先生のお考えもうかがったのですが、いろいろな先生のお考えも聞いてみたくて…」などと切り出せば、角も立ちません。そしてこれが、一人の意見をうのみにしてしまうリスクを回避できます。いくつかの視点（周囲の先生方の異なる意見）にもとづいて自分なりに考える材料にもなります。

ほかにも、教育書を読んだり、興味のありそうなセミナーにも積極的に参加したりすれば、自分の実践に役立つヒントを手に入れることができます。ここでも、うのみにしないように心がけ、実際にまねてみる場合にも「ものは試しで」くらいの感覚で取り組んでみるのがよいでしょう。

【2年目】先を見通しながら仕事をする

2年目は、ある程度先を見通しながら仕事をするスキルを身につけることに注力します。ここで言うところの「見通し」とは、いましている仕事の次になんの仕事が待っているかを頭に入れておくということです。

学校という職場では、授業にせよ行事にせよ研修にせよ、一つ一つ年間の計画に位置づけ、それに沿って仕事を進めていきます。年度の途中で計画を軌道修正することはあっても、（このたびの新型コロナや天災地変といったことがない限り）大きくは変わりません。その点から考えても（経験年数が少なくても）、比較的先を見通しやすい職場だと言えるでしょう。

そこで、1年目にひととおりの仕事を経験したら、次の年には年度全体の流れをイメージしながら仕事を進めていくように心がけます。そのような意味では、1年目で授業準備に注力しつつも、1年のおよその仕事の流れをつかむ視点をもつことが大切だと言えます。

たとえば、ノートの見開きを1か月とみなし、その月ごとの仕事内容を列記しておくのも手だと思います。そうすれば、4月はこの仕事、5月はこの仕事といった具合に、ページをめくるごとに「どの月に何をする必要があるのか」を概観することができます。また、ある程度の流れをつかめると、「6月は行事が多いから5月のうちに準備を進めておこう」といった先取り思考で（不慣れだとは思いますが）仕事をすることもできるようになります。

私は新卒当時、まったく先が見えていませんでした。というか、「先を見通しながら仕事をする」という視点さえもっていませんでした。そんな調子だと、1年間という長いスパンのみならず、1時間の授業でも悪影響が出ます。「このひもを結んでね」と指示を出して作業させたところ、一つ段階を飛ばしたことに気づき、「あっ、ごめん。ちょっと待って！　先にしないといけないことがあった。いったんひもをほどいて」といったようなことが起きてしまいます。一度ぐらいであれば、「先生、なにやってるの」で済みます。しかし、頻発すれば子どもたちの信頼を失います。こうしたことが起きないようにするためにも、「先を見通す」ことがとても大切なのです。

　このとき、もうひとつ知っておくべきことがあります。それは、時系列的にはAという仕事の次に、Bという仕事を行うという手順があった場合、Aという仕事とBという仕事との関係性を理解しておくことです。

　たとえば、通知表に所見を書く仕事をA、指導要録を書く仕事をBとします。通知表と指導要録に書くことは、どちらも教師が見たことです。この関係性を理解しておけば、通知表に書いた所見を、指導要録にもそのまま使えるという発想が生まれます。

　つまり、なぜそうした仕事のつながりなのか、その意味や意図をつかんでおくということです。この理解があいまいだと、不測の事態には対応できず、応用が利きません。

　若いうちからこうしたことを身につけられるように、トレーニングを積むのが賢明です。すると、「もしうまくいかなかったとしても、これをすれば乗り切れるだろう」と当たりをつけながら仕事ができるようになります。これが仕事をするうえでの引き出しとなります。

【3年目】逆算しながら仕事ができるようにする

（前述のように）逆算しながら仕事をつくれるようになると、効率性がグンと上昇します。そのためには、勤務時間中にその日の仕事が終わるように、退勤時間から逆算して予定を組むことが必要です。「5時までにはAという仕事、4時までにはBという仕事を終わらせる」ということです。かりに、その時間までにできなかったら、残業によってカバーするのではなく、その仕事の質や量を検証し、自分が決めた時間内に終わるように仕事の中身のほうを修正します。

この方法であれば、日によって（逆算がうまくいかなくて）残業することもあるでしょうが、少なくとも夜遅くまで学校に残っている日々からは抜け出せます（子どもにかかわることで、いますぐ解決しなければいけない問題が起きたときは話が別です）。

このような仕事観をもっていると、「それではいっこうに成長しないではないか」といった声が聞こえてきそうですが、そんなことはありません。

（前述のように）学校の仕事は一定のルーチンで回っているので、年ごとに仕事の内容が（民間企業のようには）大きく変わることはありません。ということは、繰り返しの連続だということであり、繰り返すごとに精度を上げていけるということです。たとえば、「これまで2時間かかっていた仕事も、回数を重ねるごとに要領を心得てきて、1時間で終わらせられるようになる」ということです。

では、どれだけの期間でその力量を身につければよいでしょうか。ここでは「3年目にできるようにする」こととして挙げていますが、4年目、5年目にできるようになるのでも、まったく問題ありません。逆に、要領をつかむのがうまい人であれば、2年目でもできるようになる先生もいることでしょう。

私自身、こんな発想をもてるようになるのに何年もの月日を要しました。そもそも退勤時間になったら帰るという考えすらもっていませんでしたから。「今日やることが終わったら帰る」という日々を続けていたのです。すると、いつまで経っても仕事が終わりません。

それでいい仕事ができていたかというと、はなはだ疑問です。これはあくまでも私自身のことですが、残業中の私は集中力を欠き、いわばダラダラ仕事をしていたからです。これも仕事の終わり（ゴール）を退勤時間を軸に意識していない（効率的ながんばりを考えていない）ことの弊害です。

【4年目以降】自分の専門教科の特性をさまざまな場面で生かす

自分が研究する専門教科は、1年目で決めることが多いと思いますが、最初のころは、どの教科が自分にとって本当に専門とすべきものなのか確信がもてないものです。そのせいか、授業参観で行うことが多い国語や算数を選ぶ人が多いのではないでしょうか。とっかかりとしては、それで問題ありません。ただ、2年、3年と仕事を続けるうちに、教師としての自分の個性にも気づいていくでしょうし、チャレンジしてみたいことも生まれてくるでしょう。そのときが来たら「本当にその教科でよいのか」と自問してみるとよいでしょう。

すでに専門教科の研究会にも入っているし、仲間もいるという状況で他教科に鞍替えするのは勇気がいるでしょう。しかし、自分が本当に突き詰めたいと思える教科を発見したら、1年後には変えたほうがいいのです。その先の長い教師人生を考えたら、いつでも立ち返られる教科があることは大きな強みとなります。

また、このことはその教科の専門性向上だけの話ではありません。子ども理解や学級づくりなどを行う際にも効いてくる専門性なのです。

たとえば、自分の専門教科が国語であれば、学級通信を通じて授業や子どもたちの様子を保護者に伝えたり、（前述のエピソードのように）特別活動を活用して定期的に俳句会や百人一首大会を開催し、子どもたち同士の交流を活性化したりすることで学級を盛り上げるのでもよいでしょう。

そうしていくうちに教師としての自分の個性もより鮮明になってくるし、自分の得意分野で子どもたちの成長を促すことができれば、大きな自信にもつながります。

＊

いま私は、講師という立場で公立学校の授業と塾の授業を掛けもちする日々です。担任をしていた時期もあるのですが、私の性分にはあまり合わなかった。ひとつところにじっくり腰を据えて仕事をするよりも、あちこちの学校を飛び回り、さまざまなタイプの子どもたちと出会うのが好きなのです。子どもは、学校で見せる顔と塾で見せる顔を変えてしまう子もいるようです。これもまたおもしろい。

そしてこうしたことが、長く教師を続けていて私がたどり着いた私自身の個性であり、その個性に合った働き方をつくってきた結果なわけです。

そんな私は、講師という立場上、いろいろな教科を受けもっていますが、最近では国語を自分のなかでメインに勉強しています。教諭という立場で言うところの専門教科とはニュアンスが違うかもしれませんが、国語が大好きです。そして、この気持ちを実感させてくれたのが授業です。授業を通して、教師としての自分の個性を知ることができたわけです。

授業は、本当におもしろいですね。何年やっていても、常に新しい発見があります。

第2章

校内外の仕事の時間効率を上げる

校内の仕事の時間効率を上げるプロフェッショナルをめざそう

真のプロは、自分がすべきこととそうでないことの峻別がつき、どの仕事にどれだけの労力をつぎ込むのが最適かをわかっています。そのために必要な時間はどれだけかを分刻みで知っていると言います。つまり、自分の力量の最も効率的な使い方を会得しているということですね。

このようにできれば、どんな場面でも見通しをもち、一つひとつの仕事の関係性を念頭に置きながら仕事を遂行できるようになります。当然、1日の仕事の段取りも正確に組むことができるでしょう。

ただ、このレベルに達するには、何年もの時間をかけた精進が必要になります。そこで、おすすめしたいのが一つひとつの仕事の時間効率を意識するということです。特に、授業以外の仕事であれば、さらに重要です。そこで、本章では、時間効率を上げるための考え方や方法を、「校内」と「校外」の2つに分けて紹介します。

まずは校内からです。次に挙げる14項目は、いずれも私が先輩教師から聞いたことをもとに整理したものです。ご自身で「できそうだ」「やってみたい」と思うことをつまみ食いで読み進めるのもよいでしょう。

1　時間割を固定する
2　会議開始時間を順守する
3　会議のもち方
4　週案の作成の仕方
5　指導要録の作成の仕方と作成時期
6　「主体的に学習に取り組む態度」の評価は「A」をベースに考える
7　修了証の作成方法
8　学習指導案への押印
9　学校徴収金の集め方
10　提出物の集め方
11　明日の連絡を行うタイミング
12　連絡帳への返信
13　配布物、手紙の配り方

1 時間割を固定する

固定的な時間割をつくらないという学校があります。週ごとに教師が時間割をつくる方式です。そこにどのような意図や意義があるのかはわかりません。ただ、特別な支援を必要とする子にとっては、大きな困難を伴う取組だと言えます。急な予定変更に対応することが苦手な子どもたちだからです。

かりに、学校の方針として決まっていたとしても、工夫次第で固定にすることができます。毎週、時間割をつくると言っても、専科の時間などは決まっていることが多いでしょう。校庭や体育館、理科室や図書室といった特別教室の使用はあらかじめ決められているはずです。専科以外の授業時間についても、すべて自分で固定にしてしまうという方法があります。

学校の方針に従わずに自分の好きなようにすればよいということではなく、目の前の子どもの現実を見据えたうえでの運用を考えましょうということです（こうした柔軟性の必要性は、時間割に限った話ではありません）。

かりに、時間割を固定にしたほうが学びやすい子どもがいることがわかっているのに、学校の方針そのままに変動にしてしまえば、パニックを引き起こしたり、逆に心の内に引きこもったりしてしまうかもしれません。その対応に人的資源を割かないといけなくなるのだとしたら、それこそ非効率です。

こうした意図と意義を事前にきちんと説明すれば、（余程のことがない限り）ダメとは言われないでしょう。

2　会議開始時間を順守する

学校では、職員会議や学年会などさまざまな会議があります。職員会議にしても、学期ごとに行う学校もあれば、毎月行う学校もあります。ただ、（私の経験している限りですが）共通することもあります。それは、たいてい定刻どおりにはじまらないということです。

「まだ、みなさん集まっていないからもう少し待ちましょう」

といった案配で、集まるまでの間、手持ち無沙汰の待ち時間がはじまります。

しかし、会議の開始時間は決まっているのですから、時間がきたら（だれがいようと、いまいと）はじめてしまって問題ないはずです。かりに会議の冒頭で一番大切な話があったのだとしても「聞いてませんでした」は通用しません。遅れてきた人は、文句を言えないはずです。それが（プロうんぬん以前に）社会人として求められる最低限の振る舞いであるはずです。

以前、私が司会者だったときのことです。開始時間がきたので会議をはじめようとしたところ、「まだ、来ていない先生がいるから待って」と校長先生から止められたことがあります。

善意でそう言われたことはわかるのですが、定刻どおりに会議をはじめようとした私のほうが間違った対応をしたかのようなメッセージを、周囲の先生方に与えてしまうのではないかと感じました。

私はここで〝みんなが集まるまで待ったほうがいい〟という価値観そのものを否定したいわけではありません。子どもの集合ならいざ知らず、職員会議は大人の集まりです。にもかかわらず、時間を守らない人のほうに配慮することの弊害を指摘したいのです。

学校という職場内では、割と時間にルーズです。それに慣れてしまうと、「どうせ、時間どおりにはじまらないんだから、もう少しあとで会議室にいけばいいや」と考えるようになる先生も現れます。すると、さらに待ち時間が増えます。まさに悪循環です。

会議開始時刻を守らないことを容認するのであれば、そもそも開始時刻を決める意味がありません。働き方改革が必要だと言いながら時間にルーズだというのであれば、改革が進むはずもありません。子どもたちに対しても「時間厳守」などと口にはできないはずです。

こうしたことは、会議の開始時刻だけの話ではありません。授業の開始・終了などさまざまな場面に波及する学校が抱える本質的な課題です。いずれも非効率なので学校の変えるべき慣習のひとつです。ここにメスを入れるべきです。すなわち、タイム・マネジメントの導入です。

若いうちは先輩や上司に進言することがむずかしいでしょう。しかし、周囲の慣習に慣れてしまわず、同年代の仲間と共通理解を深めながら時機の到来を待って、ぜひ校内にタイム・マネジメントを推進していきましょう。

うまくいけば、非効率な時間を削減し、自分たちの仕事にとって本当に必要なことに割り振ることができるようになります。そこでまずは、(先々のためのトレーニングの一環として) 若手同士の勉強会などの場で実践してみてはどうでしょうか。

そうは言っても、職員会議などの全体の場では、すぐに解決できる課題ではないでしょう。そこで、ここでは「会議は定刻どおりにはじまらない」ことを前提として、はじまるまでの待ち時間の活用方法を併せて紹介します。

といっても、ちょっとしたことで、授業準備に必要な資料をもち込み、教材研究をしたり、学校への提出書類や週案を書くなどの時間に充てるというものです。手持ち無沙汰の待ち時間を、自分の仕事の隙間時間にしてしまおうという発想です。

3　会議のもち方

会議のもち方には大きく2つのポイントがあります。これは、職員会議のような大きな会議だけではなく、同じ学年の先生とのちょっとした打ち合わせでも同様です。

ひとつは、（2で述べたことですが）時間を守ること、ふたつ目は原案を用意しておくことです。自分が司会になったときには、特に開始時刻、終了時刻を意識しましょう。最近では、会議の事前資料に、この案件は5分で扱うなどと記す取組もあります。また、検討時間の終了時刻にベルを鳴らす取組もあるようです。この方法がよいかはわかりませんが、時間を意識することを重視している点はよいと言えます。

逆に参加者であれば、時間を過ぎても会議を終わらせようとしない司会に対しては、「時間が過ぎていますが…」と（勇気を出して）指摘することも大切です。時間のルーズさは場が締まらないだけでなく、メリハリを削ぎ、仕事へのモチベーションを下げてしまいます。

また、（第1章でも述べましたが）会議資料を読み上げることもしません。前日までに配っておいて、各自で事前に目を通しておくようにします。会議で提案をする場合は、昨年と変えた点、ポイントを簡潔に伝えるようにします。これだけでも非効率な時間を減らし、参加者の集中力を削がずに済みます。異動してきたばかりで勝手がわからない先生がいれば、会議後、個別に質問を受けつけるようにすればよいでしょう。

それともうひとつ、新しくはじめること、いままでしてきたことを変えるような提案の場合には、代案つきの原案を用意します。これがあれば、「この件については、AかBのどちらにしますか」と問いかけ、理由を交えながら話し合うことができます。

逆に、こうした原案がないと、「さて、どうしましょうか」からスタートしてしまうので、時間がかかるばかりか、結局まとまらずに次回に持ち越しということにもなりかねません。（ちょっとした打ち合わせも含め）会議は、長ければ長いほど明確な意思決定をしにくくさせます。できるだけ短縮できるように努めます。

4　週案の作成の仕方

いまどき手書きで週案をつくる方は少なくなってきたかもしれませんが、PCを使うにしても使い方次第で効率に差が生まれます。まずはフォーマットからつくる（プリントアウトされた週案を見ながらイチからつくる）ことは極力避けます。学校が管理しているP

C（もしくはクラウド）には、これまでの週案がデータとして保存されているはずなので、そこからコピーして必要な箇所だけを書き換えます。

校務支援システムも一般的になりましたが、その仕様は市町村によってまちまちです。そのため、コピーさせてもらえないデータもあるかと思いますが、できるだけ既存のデータを活用します。また、単元計画や年間指導計画、行事計画などもついでにコピーして活用します。

各教科の時数計算や時間割の作成など、機械的に行ってよいことであれば、作成ソフトなどを活用します。このような資料については、授業の進度によって数値の調整などが必要になるときもあるでしょう。こうした調整に対応しやすいように表計算ソフトを活用して（計算式を入れて）データ化しておきます。そうすれば、一部を書き換えるだけで個々の数字を再計算してくれるので効率的です。

また、週案の書きどきについても再考してみるとよいでしょう。

一般的には、管理職への提出日に合わせて毎週作成していると思います。これを学期ごとにまとめて書いてしまうのです。そうすると、（一気に作成するためのまとまった時間は必要ですが）毎週どう書こうかなどと頭を悩ませる必要がなくなります。

また、教科ベースの単元計画とは異なる、週ベースの（教科等を横断する）授業計画の一覧となるので、単元とは異なる視点から自分の授業を見渡すこともできるようになります。

一見、たいへんそうに思われるかもしれませんが、全体としてみれば、実は楽で効率的です。

5　指導要録の作成の仕方と作成時期

教師が必ずしなければならない仕事に、指導要録（児童等の学習及び健康の状況を記録した書類の原本）の作成があります。これは、文部科学省令（学校教育法施行規則第28条）に定める法定表簿のひとつで、直接的な作成義務は校長先生が負うのですが、実質的な作成は担任の教師が行います。また、指導要録のうち、入学、卒業等の「学籍に関する記録」については20年間の保存期間が義務づけられており、それ以外の記録については5年間となります。

蛇足ですが、通知表は指導要録とは似て非なるものです。通知表に法的根拠はなく、校長先生の方針にもとづき任意で作成・配布するものなので、やめてしまっても法的にはなんら問題ありません。この通知表をやめることができれば、どれだけ先生方の負担が減るか計り知れませんが、その廃止はきわめて難易度の高い試みでしょう。

ただ、ＩＣＴの活用によって、子ども一人ひとりの学習の成果や進度、それに対する評価、学ぶ姿勢や意欲といったさまざまな事柄をデータ化することで、通知表を必要としなくなる日が来るのかもしれません。もっとも、個人情報を保護するセキュリティを完備したプラットフォーム（土台となる動作環境・設備）から、各家庭が円滑に閲覧できるようになればの話です。

指導要録に話を戻しますが、作成期限は年度末の３月31日です。なかには、25日に設定していたり、新年度のクラス分けに間に合うようにするという学校もあります。

私は新卒当時、この指導要録の作成そのものを理解していませんでした（大学で習っていたはずですが…）。そのため、３学期の終わりごろになって、とても慌てた経験があります。

（前述のように）指導要録と通知表は制度上別物ですが、作成する側にとっては別々にとらえる必要はありません。そこで、提案です。指導要録に書く内容を通知表作成時にまとめるという考え方です。要するに、通知表の所見を流用するわけです。

２学期に書いた通知表の所見を３学期末の指導要録に流用するという考え方もあります。この考え方に対しては、「子どもは刻一刻と変わる、ひとつ前の学期の評価を流用するとはなにごとか」とお叱りを受けるかもしれません。実際に３学期に変容する子どももなかにはいるでしょう。

しかし、本気で子どものよりよい変容をめざすとしたら、２学期までが勝負だと思います。「その間にうまくいかなかったら、３学期に取り返せばいい」と考えるほうが（悪いとは言いませんが）あまり現実的ではないのではないでしょうか。

いじめや不登校、学級崩壊などの即時的な対応が継続的に求められる問題を抱えているのでもない限り、３学期は「１年のいい終わり方をするための期間だ」ととらえたほうがいいでしょう。２学期末までに浮き彫りになった自分の課題は、次の年度にチャレンジする課題だと割り切ったほうが賢明だと思います。

また、評定については、ハンコを用いた次の方法があります。

以前、私は子ども一人一人ずつ通知表を仕上げていました。「国語はA、社会はB」などとハンコを持ち替えながら押印していました。あるとき、この方法をやめることにしました。時間がかかるからです。持ち替えるだけでも時間を要します。ちゃんと評価を決めていても、ハンコをつけながら迷ってしまうこともありました。

そこで、まず最初にAだと評価した教科等の押印を（すべての子ども分）先に済ませてしまいます。次に、C評価の押印を行います。これが終わったらすべての教科等の評価がB評価となるので、まとめて一気に押印します。

ちょっとしたことですが、効率を落とさない方法のひとつとしておすすめします。

6 「主体的に学習に取り組む態度」の評価は「A」をベースに考える

評価の際にいつも悩ましい気持ちを抱かせるのが「主体的に学習に取り組む態度」(学習指導要領の改訂前は「関心・意欲・態度」)です。目には見えない(数値化できない)評価のむずかしさは昔から指摘されていました。「今次改訂の折にも、なくしたほうがよいのではないか」という意見が、中教審委員からも提案されていたくらいです。それくらいむずかしい評価だということです。

そうであるからこそ、割り切ってしまったほうがよいと思います。

具体的には、Cをつけることはせず、Aをベースに考えるという方法です。これだけでもAかBかの二択になります。そして、「この教科等については、(授業をかき回してしまうことも多いので)さすがにAをつけるのはむずかしそうだな」と判断したところについてはB評価とし、すべての子ども分をまとめて済ませます。これが終わったら、一気にAのハンコを押印します。

このような方法は乱暴であるかのように思う方もいるでしょう。多くの先生方は、授業中の子どもの発言回数を記録したり、ノートやワークシートをポートフォリオにしたりしながら、総括的に評価しようとなさっていると思いますから。

しかし、（先述のように）この評価の観点は、けっして目には見えない子どもの内面が評価対象です。どれだけ丁寧かつ緻密に見取ろうとしても、妥当性を担保することはできません。そもそも、子どもの興味や関心、意欲といったものは（中教審委員の指摘にもあるように）評価しにくいものだし、（私個人の意見としては）そもそも不可能だと思います。

たとえば、学期中の授業で一度も、しかもどの教科でも発言しない子どもが、家では授業に関係のある本を何冊も読んでいるとしたら？　授業で発言しないのは、恥ずかしいからかもしれないし、人前で話をするのが苦手なだけかもしれません。かりに、そっけない態度を見せていたとしても、内心では興味津々かもしれません。

これに対して、〝学校の評価は学校で行う教育活動の結果としてなされるべきだ〟という本質論に立てば、Cをつけざるを得ないでしょう。その結果、学校で学ぼうとする意欲を低下させるばかりか、家で本を読むことさえもやめてしまうとしたら？

このように言うと、「〝家で授業に関係のある本を何冊も読んでいる〟という事実をあらかじめつかんでおけば、そのことを加味して評価できる。これはむしろ〝子ども理解〟の問題だ」と考える先生もいるかもしれません。

しかし、学校外での子どもの活動まで加味するとなれば、それこそ非現実的です。ただでさえむずかしい評価をよりむずかしくしてしまうからです。

また、クラスごとに「A」をつけてよい人数をあらかじめ決めておく学校も多いようです。〝クラスによって「A」の人数に差が生まれると不公平だとの声が上がるから〟というのが理由のようです。

しかし、この考え方も、評価をよりむずかしくしてしまいます。数を揃えるとなれば、それこそ明確な境界が必要となるはずです。「主体的に学習に取り組む態度」の評価には、どこまでが「A」でどこからがそうでないかを線引きする根拠などありはしません。結局は数合わせに頭を悩ませることになります。それ自体、ストレス以外のなにものでもなく、かつ教師の貴重な時間を無駄に使うことになってしまうでしょう。

そのような意味で、「Aをベースに考える」という方法は、こうした評価のむずかしさを踏まえたうえでの割り切りです。個人差はもちろんありますが、（教師がどのような指導をするかにかかわらず）**どの子も学ぶ意欲をもっているし、学ぶ力もあるという考え方を前提としつつ、教師の見立てによってその子の意欲を測定する評価ではなく、低下させない評価に努める**という考え方なのです。

最後に、千葉大学附属小学校に勤めていた野口芳宏先生が、ご著書『学級づくりで鍛える』（明治図書出版）のなかで言われていたことを紹介します。

「観点別学習状況」の評価は、担任の判断で即決していい。担任ほどの妥当さで＋－をつけられる者はいない。

7　修了証の作成方法

3学期には、（通知表についている）修了証の作成もあります。これには学校の印（公印）を押します。学校によっては、校長か副校長（教頭）が学校にいる間にしか使えない決まりになっていることもあります。このような制限があると、公印を押すための順番待ちが生まれます。このようなときは、所見や評価を記入する前に、修了証への押印からはじめるのも手です。

この方法では、所見を書くときに汚してしまうのではないかと考える方もいるかもしれませんが、速乾性の朱肉を使えば、その心配はなくなります。通常の朱肉であれば、乾かす時間も必要だし、乾いたあとも汚れることがありますが、この道具であれば手間も時間も減らせるということです。

押印する際には、上と下の向きを間違えないようにする、曲がらないようにする、そのために慎重に行うことが必要です。

8 学習指導案への押印

研究授業を行う際に作成する学習指導案には、授業者の氏名だけでなく印が押してあります。教育実習生や初任者が行う授業の指導案も同様です。指導教員から指導されているのでしょう。私も長年、その様式にならっていました。

しかし、あるとき、押印する枠を削除し、氏名だけを書いてみたのですが、だれからもなにも指摘されませんでした。

押印する時間などたかが知れているかもしれませんが、それでも（大規模校などのように）配布する数が多いと、結構な時間を要します。時間の節約はお金の節約に似ています。無駄な（非効率な）出費を少しずつ減らすことがコツです。

9 学校徴収金の集め方

給食費や教材費、遠足にかかる費用など、学校徴収金を集める機会が学校にはたくさんあります。その支払いを引き落としにして効率化を図る学校もあると聞きます。ただ、現金徴収の学校もまだあります。

私がいた勤務校でも、徴収した日の放課後の職員室では、ジャラジャラとお金の擦れ合う音が響いていました。お金を数えているわけです。なかには、780円のところを1000円札1枚で持ってくる子どももいます（保護者には、「おつりが出ないようにしてください」と事前に伝えていても何人か現れます）。おつりを用意したり、渡したりする手間暇もばかにはなりません。これがかなり面倒です。

また、一人一人の袋ごとの金額を確認するのではなく、すべての袋から一斉にお金を取り出して金額を確認する横着な方もかつていました。あるとき、総額が合わなくて大騒ぎ。すでに袋から出してしまっているので、どの子の分が足りなかったのか、あるいは超過しているのか、不足と超過の双方なのかわからなくなってしまったからです。

さて、このようなことのないように、私はベテランの先生から次のように指導を受けました。

「集金する現金は、必ず朝一番に子どもから直接手渡しで預からないとだめ。絶対に先生の机の上に置かせてはいけない。また、集金する時点で金額に間違いがないかを確認すること」

この指導を踏まえ、次のように行うようにしました。

①集金する前日に、子どもに「先生の机の上に置かないこと」と口頭で伝えるとともに、集金する当日に黒板にも書いておく。
②当日、朝の会の時間に集金する。
③このとき、現金を受け取るだけでなく、その場で金額が合っているかを確認する。
④金額が合っていれば、名簿に記録する。
⑤おつりが必要な子どもは後回しにする。
⑥おつりのない子の集金を（金額確認も含めて）すべて終えたら、お金をひとまとめにして、おつりが必要な子どもに対応する。
⑦おつりを入れた集金袋は、子どもにすぐ渡さずに教師が預かっておき、その子が下校する際に返却する。

この方法であれば、職員室でお金を数える必要がなくなるし、だれが足りないのかで大騒ぎをする必要もなくなります。

10　提出物の集め方

夏休みなどの長期休業明けには、たくさんの提出物を子どもたちに持ってこさせます。このときの提出方法にも工夫できることがあります。

まずは、非効率な集め方から紹介します。それは、朝、登校してきた子から教卓の上に提出させてしまうこと。この方法だと、だれが何を提出したのか、あるいは何を提出していないかを確認するのがとても煩雑になります。特に作品系などの具体物があるとさらにたいへんです。このようなときに、私は次のような（非効率な）対応をしたことがあります。

まず、子どもを立たせて、提出物に書いてある名前を呼び、呼ばれた子が座ります。そのたびに、提出物を整理しながら教師が記録します。すると、名前が書かれていない提出物が手元に残り、名前の呼ばれない子どもが立ったままとなります。

次に、名前の書かれていない提出物を掲げて「これはだれの？」と聞きながら確認して記録します。最終的に、立ちっぱなしの子どもが未提出ということになるのでこれも記録します。さらに、提出物はひとつではないので、そのたびに子どもは何度も立ったり座ったりしなくてはなりません。

当時は、なんの問題にもならなかったのですが、現在であればそうはいきません。

「子どもへのいじめを助長したり、体罰になるのではないか」などと保護者等から嵐のようなクレームが来ないとも限りません。

こうしたことのないようにする方法はいくつもあるでしょう。そのいくつかを紹介します。

①提出日の前日、あらかじめ黒板に「提出物は自分の手元にもっておきます。先生の机の上には置かないようにしましょう」と書いておく。
②それでも教卓の上に置いてしまった子どもにはいったん返却する。
③出席番号順に（5人ずつ程度ごとに）持って来させる。
④このとき、提出物に名前が書いてあるか、だれがなにを未提出なのかをチェックして名簿に記録する。

この方法だと10分程度を要しますが、私の考える限り漏れや不平の声が上がらない提出方法のひとつです（このシステムに子どもが慣れてくればもっと時間短縮できます）。また、記録も未提出のものについてのみ記録すれば管理が楽です。

これに対して、〝それでは提出に時間がかかりすぎる。教師の指示で一度にすべてを提出させて、子どもが下校してからチェックすればいい〟という考え方もあるでしょう。

確かに、一度にすべて提出させるのであれば数分とかからず終わるかもしれません。しかし、放課後のチェックと記録の時間はどうでしょうか。提出物を項目ごとに一つひとつチェックしなければならないわけですから、30分程度はかかるのではないでしょうか。ということは、この仕事の全体時間は30数分ということになります。まして、だれの提出物かわからないものも出てくれば、後日に確認しなければならないという手間も発生します。

ここに、時間効率を考える際に重要な視点があります。提出するのにどれだけの時間を要したかではなく、チェックと記録までを含めた、その仕事全体が完了するまでにどれだけの時間を要したのかに着目するということなのです。

このような視点で自分の仕事を見渡せば、いっけん非効率のように見えて、実は効率的な仕事の仕方が見えてくるでしょう。**〝やれるときに、やれるだけのことをやりきってしまう〟ことが、時間効率を上げる秘訣**です。

なお、提出物の集め方には、次のような工夫もあると思うので追記します。

①提出物がとても多いときは事前に提出する日を分ける。

②工作などの大きな物の提出予定日の天気が雨模様であれば提出日をずらす。

11　明日の連絡を行うタイミング

連絡帳に翌日の予定を書くようにしている学校は少なくないようです。なかなか面倒な取組だとは思いますが、それをいつ子どもにやらせるのかによって効率が変わります。結論から先に言うと、朝です。翌日の予定を（時間割を含め）連絡帳に書かせてしまいます。

朝に書かせると、校内での打ち合わせで予定が変わってしまうことがあるから、そのたびに子どもに書き直させるのはむしろ非効率なのではないかという方もいると思います。確かに変更があったり、手紙が追加されたりすることもありました。しかし、それでも私は、朝のほうがよいと考えています。

まずひとつは、朝の元気なうちに行わせるほうがよいということ。子どもがよく話を聞ける時間帯だからです。それと帰りの会を長引かせないようにするためです。また、手紙が追加されたり、予定に変更があっても、次のように行えば非効率にはなりません。

手紙は配るごとに連絡袋に仕舞わせます。連絡帳（ノート）を仕舞わせるのは下校時です。その日のうちに予定が変更になっても、そのたびに連絡袋から取り出させる必要がなく、すぐに修正させることができます。

　修正は、予定などの変更がわかったらすぐに行います。その際、すべて書き直させるのではなく、「○○に変更」とだけ書かせたり、矢印を書かせたりして必要な箇所だけを訂正させます。このような段取りであれば、朝に書かせても非効率にはなりません。低学年でもできました。

　また、子どもがきちんと書けたかを確認するために、連絡帳を持って来させてチェックする先生もいます。私もまねをしたことがあるのですが、すぐにやめてしまいました。それなりにみな書けていたからです。

　要は、教師の伝え方次第です。朝のうちにしっかり伝え、変更があるごとに伝えれば、子どもはちゃんと予定を把握し連絡帳に書くことができます。**子どもが書けているかを心配するよりも、自分の伝え方を工夫するほうが建設的です。なによりチェックのための時間を割く必要がないので効率的**です。

　ただし、どれだけちゃんと伝えても、うまく書けない子どももいることもあるでしょう。その場合には、個別指導で対応します。

12　連絡帳への返信

私は朝一番、あいさつに続けて次のように声をかけていました。

「先生に出さないといけないものがある人、見せないといけないものがある人は、いますぐに持ってきてください」

とてもシビアな（トラブルの火種となるような）内容が書かれていることがあるからです。こうしたものは、長文であることが多いことに特徴があります。たとえば、子ども同士のトラブル、教師の言動などに関して書かれていることが多いのです。なかには、学校全体にかかわることが書かれていることもあります。

ここでもっとも重視すべきは、自分一人だけで解決しようとしてはいけないということです。このことは、学年主任や管理職が「知らなかった」という状況をつくらないことでもあります。明らかに自分の落ち度について書かれていたとしても同様です。特に若手のころは勇気が必要なことかもしれませんが、ここは本当に重要なところなので徹底しましょう。

そのためにも、連絡帳にはできるだけ早く目を通し、長文の連絡帳やそれと匂わす連絡帳を見つけたらコピーをとります。学年主任や管理職に手渡して、内容を把握してもらうようにします。早期発見・早期対応です。

その後、連絡帳には「放課後にお電話いたします」と一言だけ書いておきます。直接、保護者に会って話したほうがいいという案件であれば、お会いする日時の候補を用意して連絡します。

以前、８ページにわたる連絡帳を受け取った先生がいました。そこには、「友達の傘をわざとぐちゃぐちゃにする低学年がいるなんて信じられない。なんでこんなことできる子が学校にいるんですか」というクレームが延々と書かれていたそうです。

その担任の先生は、「のちほどお電話します」とだけ連絡帳に書き、電話口では次のように話をされたそうです。

「善悪の判断ができないのが子どもです。だから、私たち教師だけでなく、保護者のみなさんと一緒に育てていきたいので、ご協力を願えませんか？」

このときは、大きなトラブルには発展せずに済んだそうです。かりにもし、慌てて、しかもだれに相談することなく、文章で返事を出し、その内容が不適切だったら？「連絡帳には、こう書いているじゃないか！　どうなっているんだ！」となってしまうでしょう。これでは、鎮火するどころか火柱が上がるだけです。

要するに、何かしらトラブルを含んだ内容の連絡帳を受け取ったときは、すぐに文章で返事をしないことが鉄則です。まず校内で情報共有を図り、学校としての方針が定まったうえで保護者に連絡を取ります。相手の言い分をしっかり聞いたうえで対応するということです。

13　配布物、手紙等の配り方

学校では数多くの配布物がありますが、これらにも効率のよい配り方があります。それは、配布物が決まったら、そのつど教師自身がすぐに配ってしまうことです。

配布物には子ども全員に対して一律に配る場合と、「家庭数」と言って同一校に兄弟・姉妹がいる際に一番上の子（または一番下の子）にだけ配る場合とがあります。この家庭数の配布物のときに、その配布を子どもに任せると、うまくいかないことが起きます。

また、できる限り、朝一番に配ります。帰りの会にまとめて配ろうとすると、配り忘れが起きることもあるからです。

そこで、基本的には朝に配布し、追加があれば、そのつど配布するようにします。ときおり、授業中に「これ、今日中に配ってください」と教室に手紙が届くことがあります。このようなときも、授業をいったん中断して配ってしまったほうがいいくらいです。ただ、私の場合はそうするのが嫌だったので授業後すぐに配るようにしていましたが…。

ここまで書いておきながら何なのですが、係活動の一環として配り係を置いているクラスもあるでしょう。そうした取組を否定したいわけではありません。ただ、前述のように家庭数の配布物のときには教師が配るといった約束事は必要だと思います。また、子どもたちは配り忘れてしまう（配布物があることに気づかない）こともよくあるので、丁寧な指導が必要になります。

子どもからの要望で配り係をつくったときは、私は学習で使ったプリントやノートなどを配ってもらったり、職員室前のポスト（学校によっては各クラスで配る手紙がこのポストに入れられている）から休み時間、昼休み下校前などにとってきてもらったりしていました。

ただ、何の連絡もなく配布物がポストに入れられていることも少なくないので、子どもが気づかないこともよくあります。そこで、私はちょくちょくポストを確認し、配布物があるのに放置されているときなどは、素知らぬ顔で「あれ？　今日は手紙はないのかな？」と係の子に声をかけるようにしていました。

14　教室掲示

教室掲示については、（第1章で触れたとおり）それ自体はしてもしなくてもよいことのひとつです。もちろん、自分なりの必然性が明確なのであれば、有効活用すればよいでしょう（教室の後の壁であれば、授業中、子どもの目に入らないので、掲示しても大丈夫です）。

　このときも、工夫次第です。そのひとつが、掲示係を設けて子どもに手伝ってもらうのです。低学年ではむずかしいですが、高学年であれば問題なく行うことができる工夫です。

「みんながんばってつくった（書いた）大切な作品だから、きれいに掲示しよう」などと声をかければ、真剣に取り組んでくれます。

　ただ、子どもの掲示ですから、大人が行うようにはうまくできません。少し曲がっていたり、間隔がズレたりすることもあります（特に、低学年の子どもに掲示してもらうと、そうなりやすくなります）。しかし、私はそれをあえて修正しませんでした。「みんながやってくれたから、いい掲示になったね」と声をかけていました。

　これには、次のふたつの意図があります。

　ひとつは、掲示そのものをさっさと終わらせること。もうひとつは、子どものモチベーションを下げないこと（何度もやり直させれば、ひと昔前の運動会の行進練習よろしく子どもが嫌になるだけです）。

　それと、もうひとつ隠れた意図もあります。

　授業参観などで、曲がっていたりズレていたりすることに気づいて怪訝な顔をする保護者がいます。このような様子を目にしたら、保護者会で次のように話をします。

「本日、みなさんにご覧いただいた教室の作品ですが、掲示係の子どもたちががんばってやってくれました。少し曲がっていたかもしれませんが、それも味のひとつですね」

このように言うと、保護者も納得してくれるだけでなく、むしろ評価してくれることもありました。

校外の仕事を要領よく遂行するプロフェッショナルをめざそう

教師の仕事は、校外にもあります。一例を挙げると次のとおりです。

1 家庭訪問（個人面談）
2 校外での研修
3 出張中など学校を不在にする前の準備
4 遠足と社会科見学などでの引率業務

1　家庭訪問（個人面談）

保護者に来校してもらい、家庭訪問の代わりに個人面談をする学校も増えているようです。そこで、ここでは両方をまとめて取り上げます。

ポイントは、次の3つです。

(1)　時間厳守
(2)　子どもに案内してもらう
(3)　保護者の疑問や要望は一番先に聞く

(1)　時間厳守

会議のもち方でも触れましたが、それ以上の意識で時間厳守に努める必要があります。これは開始の時刻だけでなく、終了の時刻も同様です。そのときの話題にもよりますが、保護者の話が途中でも時間が来たら切り上げます。

家庭訪問の際にはなかなかむずかしい場面もありますが、次の保護者の信頼を損なわずに済むことを重視しましょう。

実を言うと、初任当時、私はとんでもない失敗をしています。その日の最初の家庭訪問で大幅に時間を超過してしまい、すべての訪問が押してしまったのです。しかも、広域学区だったのに移動の時間をちゃんと頭に入れておらず、最後のご家庭の家のチャイムを鳴らしたのは夜の7時。

「もう、来ないのかと思いましたよ。いま、夕食を食べているところですが、一緒に食べて行きますか？」と言われ、結局カレーをごちそうになって帰りました。まったく何をしに行ったのだか…。

家庭訪問に対して、個人面談の場合は教室で行うので、次のような工夫が可能です。

①教室の扉に面談のタイム・スケジュールを掲示しておく。
②定刻が来たら面談中でも構わずにノックしてもらってよいことを掲示しておく。
③面談中の保護者の目に入るところに時計を置いておく。

(2) 子どもに案内してもらう

前述の失敗談のように、家庭間の移動については、事前の計画が重要です。まして、着任早々であれば土地勘がありませんから、より綿密さが求められるでしょう。そんな私が行っていたのが、学校から一番遠い家庭から訪問するという方法と、子どもに案内してもらう方法の併用です。

家庭Aから家庭Bの移動であれば、家庭Aでの終了時間に家庭Bの子どもに来てもらい、自宅まで案内してもらうのです（家庭Bの子が家庭Aの子の家を知らなければ住所を伝えて「調べておいてね」と伝えておきます）。また、個々の家までの移動時間については、住宅地図などであらかじめ調べておきますが、よくわからなければその地域の子どもに聞いてしまうのも一案でしょう。

この「子どもに案内してもらう」方法には、ほかにもこんな利点があります。

●終了時刻に次の家庭の子どもが訪れるので、時間を超過しそうになったときに話を打ち切るいい口実になる。

●案内してもらう道中で、普段学校では聞けないような家庭の様子を聞けることがある（これから自分の家に教師が来ることで緊張していたり、ハイテンションだったりするので）。

ここでは、私が実際に取り組んだこととして、子どもに案内してもらう方法を紹介しました。ただ、いまの時代、個人情報などの関係で、子どもに案内してもらうことは、むずかしいかもしれません。もし、できそうであれば、次の家庭の保護者にあらかじめ許可をとるようにするとよいでしょう。

(3) 保護者の疑問や要望は一番先に聞く

面談がはじまったら真っ先に「何か聞いておきたいことや学校に要望はありますか？」と水を向けて、保護者の話を聞くことからはじめます。そして、(自分にとって耳の痛い話だったとしても) 保護者の話に耳を傾け、真摯に答える。これに尽きます。これは、家庭訪問でも個人面談でも同様です。

このように最初に水を向けておかないと、保護者の多くは、自分の知りたいこと、お願いしたいことを面談の終了時刻間際になってようやく切り出してきます。その段階で話を聞こうとすれば時間が超過するし、打ち切ってしまえば肝心なことを聞き逃します。

そもそも、私たち教師は、なぜ家庭訪問なり個人面談をするのでしょうか。教師として自分が感じていることを伝えたり、家庭や子どもにしてほしいことを要望したりするためでしょうか。

実を言うと、そんなふうに思っていた時期が私にはあります。せっかく時間をつくってもらったのだからと、その家庭の子どもが学校でがんばっていることやよさなどを(保護者が話をするより先に) 一生懸命に伝えていました。褒められて不快に思う保護者もいませんから、それ自体は悪いことではありません。

しかし、私が一方的に話をすることで時間を使い切ってしまい、重要なことを聞きそびれてしまうことがしばしばありました。その結果、「先生は、私の話をきちんと聞いてくれなかった」と言われたことがあります。それに、こちらから水を向けないと、自分の聞きたいことを口にできない保護者もいます。

「まずなによりも保護者の話を聞いて、話せる範囲で真摯に答える」ことが面談の鉄則です。かりに、その場での返答に窮しても、時間をもらって後日に答えられればいいのです。

2　校外での研修

研修には、校内研修のほかに、法に定める初任者研修や教員免許更新講習などの研修があります。ほかにも、5年次、10年次（以前は法定）などの節目に研修を設定している自治体もあります。いずれも、教育委員会主催の悉皆《しっかい》研修（全員が必ず受けなければならない研修）で、教育センターなどを中心に行われます。

こうした研修に参加するにあたって、次の3つを留意事項として挙げておきます。

(1)　批判的精神で研修を受ける
(2)　疑問は勤務校の校長に聞いてみる
(3)　三段落で報告書を書く
(4)　報告書に書く内容は研修中に決めてしまう

(1)　批判的精神で研修を受ける

批判的精神と言っても、斜《はす》に構えて研修を受けましょうということではありません。研修内容については真摯に受け止めながらも、（第1章でも述べたことですが）言われたことをやればいいとばかりに、指導主事や講師の言っていることをうのみにしないということです。

初任のころであれば経験もスキルもありませんが（これから身につけていくのだから当然です）、自分はいいと思うか、自分はやってみたいと思うかという視点から話を聞き、自分なりの疑問点を見つけることに主眼を置くということです。

研修後には報告書を書かされるでしょう。自分なりの視点で疑問点を見つけられないと、「今日は○○先生の話が勉強になりました。自分もそうなれるようにがんばります」としか書けないし、学びの少ない研修になってしまいます。

これは、初任者研修に限ったことではありません。どのレベルの研修においても同様です。

(2) 疑問点は勤務校の校長に聞いてみる

研修で「どういう意味かイメージできない」「それはちょっと違うのではないか」と疑問をもったら、勤務校の校長に尋ねてみることをおすすめします。これには、次の3つの理由があります。

●研修時に講師や指導主事に尋ねても、さらっとかわされることがある。もしくは、通り一遍の話に終始する。
●所属職員の職能成長は校長にとって重要事項なので親身になって話をしてくれる。
●疑問点への回答を通して、（どのような指導を重要だと考えているかなど）勤務校での校長の方針を、研修内容に紐づけて知ることができる。

(3) 報告書に書く内容は研修中に決めてしまう

報告書に書くテーマは、およそ「何を学んだか」「今後、どんな実践をしていきたいか」「どんなことに気をつけていきたいか」の3視点でしょう。これらを意識しながら研修中にメモをとり、報告書に書く内容を決めてしまいましょう。

たとえば、教室環境が研修テーマであれば、講師の話を聞いていて「自分だったら教室の前や黒板には掲示したくないなぁ。特別支援の考え方からも子どもたちの注意がそちらに向いてしまうと聞いたことがあるし」などと思ったら、ノートに「黒板の掲示物、子どもの集中、特別支援」とキーワードをメモ書きします。このとき、文章化しないことがコツです。

研修中に文章化までできれば、確かに後が楽にはなります。ただ、その間に他の重要な話を聞き逃してしまいかねないからです。

このように、気づいたり疑問に思うことがあるごとに、キーワードをひとまとめにしてメモしておけば、あとは報告書に何を書くのか選択するだけなので研修中に決められるでしょう。

(4) 三段落で報告書を書く

報告書は三段落で書くと、早く仕上げることができます。達者な文章である必要はありません。学んだことが伝わればいいのです。

具体的には、次のようにまとめます。

【一段落】 結論を箇条書きで書く

「学んだことの一つ目は…。二つ目は…」という感じです。

【二段落】 一段落で挙げた結論ごとに見出しをつけて具体的な内容を書く

「一つ目の内容は…、二つ目の内容は…」という感じです。

【三段落】 今後の自分の取組内容を簡潔に書く

たとえば、「この二つのことを意識して実践するようにしたい」などとまとめます。

お気づきになった方もいると思いますが、結論（箇条書き）→見出しごとに具体的な内容→まとめといった、まさに本章で行っている執筆形式と同じです。

3 出張中など学校を不在にする前の準備

出張などで学校を不在にすることが決まっているときは、次の3つに留意します。

(1) テスト・プリント以外の学習を考える

(2) やらせてはいけない自習内容

(3) 子どもたちだけで完結できる学習にする

(1) テスト・プリント以外の学習を考える

学校を不在にする前に、クラスの子どもたちにどんな自習をさせるのかを考える必要があります。補教の先生がついてくれる場合にも、学習内容は担任が決めておきます。

その際、ありがちなのがテストやプリントを用意して自習させることです。やってはいけないことではありませんが、出張などから帰ってからが大変です。出張報告書も書かなくてはならないこともあるでしょう。テストやプリントのチェックも同時並行で行わなければならないからです。

では、どんな自習内容が考えられるでしょうか。箇条書きで列記します。

●お絵描き・粘土遊び（低学年向き）

●読書

●専科の先生の授業（音楽、図工、理科、家庭科、少人数算数など）

●視写

● 迷路づくり（子どもが熱中すると、私が参加しているサークルの先生から教わりました）

(2) やらせてはいけない自習内容

当然のことですが、学校事故につながりそうな学習は自習にするべきではありません。

その最たるもののひとつが体育です。たとえ補教の先生がついていたとしても避けるべきです。そもそも、体育の補教など頼むものではありません。なお、球技大会などのような行事であれば、他の多くの先生の目がありますから問題ないでしょう。

また、（専科の先生の授業でない限り）はさみやカッターなどを使う図工、針を使う家庭科なども避けるべきです。いずれにしても、ちょっとでも、「危ないかな」と感じるものはしないほうが得策です。

(3) 子どもたちだけで完結できる学習にする

「担任がいなくても、普段から子どもたちだけで学習できる仕組み、システム」をつくっておくという考え方もあります。

子どもが自習できるようになるために、4月から指導するという先生がいます。自習のトレーニングをすることがその目的です。

4月当初、授業中に自習トレーニングを設定し、その時間中は先生が教室を出ます。5分経ったら教室に戻って自習内容をチェックし、平素の授業に戻ります。慣れてきたら、時間を増やしていき、子どもたちだけで自習できるようにするというのです。

ほかにも、授業の司会進行役を務める子どもを設定し、子どもたちだけで（算数をしたり、教師が定めたテーマに沿って対話したりする）授業を行う取組の成功例を聞いたことがあります。いずれも、目の前の子どもたちの状況や教師の力量に大きく左右される高度な話ですが、不可能というわけではありません。たとえそこまでいかなくても、子どもが自分で学べるようにすることは、学校教育の重要な視点です。こうした視点で自習内容を考えてみることも必要でしょう。

4　遠足や社会科見学などでの引率業務

遠足などで子どもたちを引率する際には、どのようなことに留意すればよいでしょうか。ここでは次の4つを挙げたいと思います。

(1)　子どもを列に並べるときは男子を前に固め、女子を後ろにする
(2)　指示のサインを決めておく

(3) 教師（担任）は常に子どもの先頭に立つ
(4) 可能な限り早く予約を済ませる

(1) 子どもを列に並べるときは男子を前に固め、女子を後ろにする

次のように、男子一列、女子一列で並ばせるのが一般的でしょう。あるいは、班ごとで二列にするという並ばせ方もよく見かけます。

女子　××××××××
男子　○○○○○○○○

これに対して、次のように並ばせているクラスがあり、私は衝撃を受けました。

男子　○○○○　女子　××××
男子　○○○○　女子　××××

一般的な並びだと、歩くにつれて次のようなことがよく起きます。

女子　××　×××　××　×××
男子　○○○　○○　○○○　○○

要するに、男女を分けて背の順や班ごとに並ばせると、早く歩く子と遅い子との差が出てきて間隔が空いてくるわけです。そのたびに、教師は「間を空けない！　もっとつめて」と指示しなければなりません。

ところが、二列にして男子は前、女子を後ろの並び順で歩いていると、間隔が空かないのです。これには本当に驚きました。男子同士、女子同士で話しながら歩くと間が空かなくなるようです。

ちなみに男子を前にするのは、やんちゃな男子を注意しやすくするためだと知りました。

(2) 指示のサインを決めておく

遠足など、校外学習での子どもたちはハイテンションです。大声を出したり、列から外れたり、注意しても気づきさえしなかったり…。

それでも、教師としては何とかしなければならないので、注意する声を大きくしたり、笛を吹いたりします。場合によっては、子どもたちよりも教師のほうがうるさいといった苦情がくることもあります。

そんなとき、こんな先生と出会いました。「私がサングラスをかけて自分たちのほうに振り返ったら『静かにしなさい』の合図」と指導している先生です。〝なるほど、これは上手い〟と思いました。これなら、大声を出す必要も笛を吹く必要もありません。サングラスがよいかどうかはさておき、子どもとサインを決めておくといいという話です。しかも、ちょっとユーモラスでもあり、無為に子どもを威圧することもありません。

私は、実際にサングラスの取組の様子を見たことがあります。先生が注意しているはずなのに、子どもたちは楽しそうに先生の指示に従っていました。遠足などでは楽しい雰囲気も大切なので、よい取組だと思います。

(3) 教師（担任）は常に子どもの先頭に立つ

①常に前にいるのが原則

次は、私の失敗談です。2年目のときでした。横断歩道の手前で止まって、クラスの子たちを私より先に横断させようとしたところ、ベテランの先生から止められました。

再度、私が先頭に立ち直して、子どもが横断歩道を渡り切ると、「子どもたちを先に行かせてしまったら、先に行った子たちに何かが起きたときに対応できないでしょ」と注意を受けました。「横断歩道には別のつき添いの先生がつくから、担任は常に前にいないといけない」と。

その日以来、私は常に子どもの前に立ち、先頭の子どもには「絶対に先生を抜かしてはいけない」と指導するようになりました。

ただし、例外もあります。つき添いの先生が横断歩道に来てくれるのが遅れているなど、子どもたちだけを先に行かせざるを得ないときです。また、社会科見学などで担任1人で引率しなければならないときもあります。

このようなときには、横断歩道でも子どもたちを先に行かせるしかありません。さて、どうするか。

①先頭の子どもに、たとえば「歩道の先にある2番目の電信柱まで行って、待っていなさい」と指示する。
②最後の子が横断歩道を渡り切るのを見届ける。
③そのあと、先頭の子どものところまですぐに行く。

これが、ほかの先生から教わった方法です。この方法で重要なのは、先頭の子どもをどこまで歩かせるのかの見極めです。進ませすぎると危険だし、手前すぎても子ども同士の距離がつまって、これまた危険です。子どもの列の長さを頭に入れて、ちょうどいい距離感で止まるように指示することが求められます。

②路線バスや電車を使うとき

路線バスに子どもを乗せるときは、教師が一番あとに乗るのが原則です。つき添いの先生がいるかいないかでも変わってきます。バスから降ろすときも同様です。バスに乗り降りする際に、教師が先に行ってしまうと、乗り降りを済ませていない子どもに何かあったとき迅速に対応できなくなるからです。

私は一度だけ、ヒヤッとしたことがあります。路線バスに子どもを乗せるとき、全員でなく何人かの子どもを乗せたあとに乗り込みました。バスのなかが他の乗客で混雑していたので先に乗った子どもの様子を見たかったからです。

このとき、バスにまだ乗っていなかった1人の子どもが路線バスから離れてどこかへ行こうとしたのです。つき添いの先生がいち早く気づいて、その子の腕をつかんで防いでくれました。もし、つき添いの先生がいなかったら…、私一人で引率していたら…と考えると、〝失敗した〟という思いが湧いてきます。あとで話を聞いてみると、子ども同士でもめてしまい、機嫌を悪くしたからのようでした。

電車に乗り降りさせるときも、路線バスと同様です。

③貸し切りバスを使うとき

貸し切りバスのときは、教師が先に乗ってしまうこともあり得ます。路線バスと違って、まだ乗車していない子に何かあったときでも、待ってもらうなど融通をきかせることができるからです。教師が先に乗車するのは、子どもが座る席を指示する必要などがあるときです。

降車するときは、子どもを安全に並ばせるために教師が先に降ります。子どもの忘れ物などのチェックはつき添いの先生に任せます。路線バスとは違い、降りてこない子どもがいればすぐにわかるので対応できます。

ちなみに、バスや電車から子どもを降ろしたあとの点呼は場所に応じて行います。駅のホームが狭ければ行いません。また、通勤ラッシュの時間帯と重なるときには、周囲の人たちの迷惑にならない場所まで教師が先導してから行います。

(4) 可能な限り早く予約を済ませる

予約の必要な施設や場所などには早めに連絡を取ります。できれば、計画が立ったその時点で連絡を取り、予約してしまうのがよいでしょう。遅くなれば予約が埋まってしまいます。行事の予定日が施設の定休日と重なっている場合もあります。とにかく、早め早めを徹底することです。

また、遠足や社会科見学は、できるだけ休み明けの日に当てないようにします。行事に何かしら変更があった場合に家庭への連絡に徹底さを欠くことがあるからです。また、忘れ物をする子どもも（いつも以上に）増えることが予想されます。

＊

ここまで校内と校外における教師の仕事効率を上げる方途を紹介してきました。次章からは、授業を効率的に行うための考え方や方法を紹介します。

第3章

授業効率を上げる

本章の前半では、（私がＴＯＳＳなどの多くの先生から学んだことを中心に）授業準備の効率を上げるための考え方と方法を紹介します。具体的には、次の６項目です。

- 各教科ごとの授業パターンを理解する
- 子どもの活動量や作業量を多くする
- 体育や理科で使う道具などの準備を工夫する
- 習字の授業では、ひたすら書かせる
- 教師自身が楽しく授業をする
- １年を通じて守らなければならないルールを伝える

各教科ごとの授業パターンを理解する

何年も授業を続けていると、授業直前に教科書をチラッと見ただけでも授業ができるようになります。その授業がよい授業かはひとまず置くとして、「どうすればよいのだろう」と悩むことが少なくなる点は間違いありません。

そのために必要なことは、各教科ごとの授業パターンを理解することです。それさえわかれば、教材研究に要する時間が軽減され、グッと楽になります。

ここでは、私が実際によくやっていた授業パターンを4教科ごとに紹介します。

1　国語科授業の基本パターン

(1)「漢字」「音読」「教科書の内容」というように、1時間の基本の組立（流れ）を決めてしまう（これは一例）

1時間の組立（流れ）を決めて子どもたちと共有しておくと授業がスムーズに進行します。子どもたちも自分たちが何をすればよいのか理解しやすいので、（慣れてくると）教師に指示されなくても、始業ベルが鳴る前に漢字ドリルなどを開いて待つ子どもも出てきます。

(2)　漢字指導の基本は、「なぞり書き」「空書き」「写し書き」

●なぞり書き

多くの学校では、漢字ドリル、漢字スキル、漢字プリントなどを使っていると思います。これらにはいずれも筆順が書かれています。その筆順に沿って、人差し指でなぞらせて、筆順を覚えられるようにします。

●空書き

なぞり書きの後に、正しくなぞれたのかを確かめます。片手を上げて、「いーち、にー」と声を出しながら、空中で書かせます。その際、教師に向かって空書きさせます。指がそろわない子がいたら正しい筆順を教えます。隣に座っている子ども同士で、確かめ合うのもよいでしょう。

●写し書き

ドリルなどで薄く漢字が書かれている部分をなぞらせます。その後、マス目のあるノートなどで練習します。書き終えた子どもから教師に見せに来させ、チェックします。

(3) 音読の授業の基本パターンは、「追い読み」「交代読み」そして「採点方式」

●追い読み

まず、教師がリード役になって一文を読み上げ、それを追いかけるようにその一文を子どもが読みます。この繰り返しで、その日に授業するところまで読みます。途中で「よい声で読めているね」などと子どもをほめるなど、飽きさせないように工夫します。続けることで、子どもの読み方がよくなっていきます。

●交代読み

追い読みとは異なり、教師がリード役になって一文を読んだら、その先の一文を子どもが読みます。次の一文を子どもが読んだら、その先の一文を教師が読みます。この繰り返しです。

●採点方式

どのような読み方であれば高得点をとれるのか、あらかじめ評価ポイントを伝えておきます（あえて伝えないときもあります）。子どもが教科書の一文を読んだら、点数で採点します。すると、子どもたちはゲーム感覚で楽しみながら、いい読み方を覚えていきます。

(4) 説明文の授業では「要旨」をとらえる

説明文の授業では、「問題の段落を探す」→「答えの段落を探す」→「要旨をつかむ」が基本パターンです。

ここでは、どうすれば子どもに「要旨」をとらえさせることができるかについて紹介します。

●問題の段落を探す

まず、「〜でしょうか」と書かれている一文を探し、「問題」の段落を見つけます。その際、問いかけとなる一文字「か」に気づかせます。

●答えの段落を探す

次に、「〜だから」「〜なので」という言葉を探し、問題に対する「答え」が書かれている段落を見つけます。

問題と答えが正対していないとき（問題に対する答えに当たる言葉や文章が合っていないとき）は、答えになるだろう段落の文章を問題と正対するように書き直させます。

●要旨をつかむ

要旨をつかむときには、はじめの段落とおわりの段落に注目します。ここに、筆者の言いたいことが書かれていることが多いからです。次に、その双方の段落の文章から、中心になるキーワード、中心文を見つけ、要旨をつかみます。

●筆者の体験部分、意見・感想部分を見分ける

筆者の体験や具体例・説明が書かれている箇所か、筆者の考えが書かれている箇所かを読み取りながら、意味段落（同じ意味の文章のまとまり）の構成の仕方に気づかせます。

要旨をまとめるときは、後者の箇所から言葉を拾い出してまとめます。

段落の構成の仕方は次の3つです。

【頭括型】段落のはじめに、一番言いたいことが書かれている。
【尾括型】段落のおわりに、一番言いたいことが書かれている。
【双括型】段落の最初と最後の双方に、それぞれ言いたいことが書かれている。

どの段落が筆者が一番言いたいことなのか、具体例や説明なのか、意見や感想なのかを見分けさせたあと、要旨をまとめます。

(5) 物語文の授業では「場面・視点・心情」をとらえる

物語文の授業では、「場面の移り変わり」「物語における作者の視点」「物語における主人公の視点」を明らかにする授業を行います。また、中学入試を意識した読解法を学ばせることもあります（記述問題を解くときのルールなどを教えます）。

●場面の移り変わり

場面とは、なんらかの出来事が発生している箇所です。この場面の移り変わりをとらえるときは、「時間」「場所」「人物」に注目します。「時間」が過去に遡ったり現在に戻ってきたりした箇所、「場所」が変わる箇所、「登場人物」が変わる箇所がこれに当たります。これらに気づかせます。

●物語における作者の視点

作者が、物語の主人公を一人称の目線で書いているとき（「ぼくは〜をしていた」など）と、主人公を三人称の目線または主人公以外の登場人物の目線で書いているとき（「Aが〜をしていた」など）とでは、言葉の使い方が変わります。こうした言葉の使い方の違いから、登場人物の「視点」の変化を読み取ります。

●登場人物の心情の読み取らせ方

授業では、「このとき、Aはどんな気持ちでしたか？」と発問している先生も多いかと思います。この発問に対しては注意が必要です。というのは、登場人物の気持ちなど、正確にはだれにもわからないと思うからです。本来的には〝わからない〟が正解だということです。

半分まで水が注がれたコップを見て、「まだ半分ある」と思う人もいれば「もう半分しかない」と思う人もいるでしょう。体験や経験などでも同様です。同じものを見たり、経験したりしても、受け止め方は千差万別です。

このように考えると、物語は読者の好きなように読めばいい（読み手に委ねればいい）というのが私の本心です。ですから、授業においても、たとえば文章中に「悲しい」「うれしい」などの直接的な言葉があるのでない限り、登場人物の心情を問う発問はなるべく避けています。

…と言いながらも、（中学入試なども含め）テストなどでは登場人物の心情を問う問題が出題されます。こうした問題に正答するには、「推測」することが必要です。推測するといっても、（本来的には「わからない」が正解なので）登場人物や作者の本心を探ろうとするのではありません。いくつかの言葉や表現から推測して、出題者の意図を見つける作業も含めて「推測」と称しているわけです。（簡単ではありますが）そのための方法論をいくつか紹介します。

【読解①】文章中の「心情語」（直接、心情が書かれている部分、うれしい、悲しいなど）を探す

ここでは、「運動会のリレーの選手に選ばれた子どもの心情」を題材にします。

「運動会でリレーのアンカーに選ばれた。心のなかでは〝途中で転んだらどうしよう〟と思いドキドキドキした」

↓「ドキドキ」という言葉から「不安」「心配」という心情を推測する。

【読解②】文章中の「会話や口調」から推測する

「運動会前日、ぼくは母に『1位にならなかったら、みんなどう思うかなぁ』と漏らしたら、明るい声で『大丈夫よ！　一生懸命に走ればいいの』と返された」

↓「みんなどう思うかなぁ」という口調から「不安」「心配」という心情を推測する。

【読解③】文章中の「動作・行動」から推測する

「ぼくは、どうしても1位になりたかった。だから両腕を大きく振り、前だけを見て大股で走った」

↓「両腕を大きく振り」「前だけを見て」「大股で」という動作・行動から、走る前までの「不安」を拭い去って成功しようとする「意欲」「前向きさ」「強い気持ち」という心情を推測する。

【読解④】文章中の「表情・態度」から推測する

「ゴール直前、ぼくは転びそうになり、思わず口を大きくあけて声にならない声を上げた」

↓「思わず口を大きくあけ」た表情から、「まずい」「こわい」という心情を推測する。

【読解⑤】文章中の「場面・情景」から推測する

「体勢を立て直してゴールテープを切ったその瞬間、クラスメートが飛び上がって喜ぶ姿が見えた」

↓「クラスメートが飛び上がって喜ぶ姿」という場面・情景から、「うれしい」「やったぁ」という心情を推測する。

2　算数科授業の基本パターン

(1)　基本は「例題→類題→練習問題」の順で授業する

算数の教科書は、次のパターンで構成されています。

「考えてみよう」→「解き方の例」→「類題」→「練習問題」

このパターンの順序に沿って授業します。

子どもに「計算方法を考えさせる」ことは大切です。しかし、それ以上に大切なことは、「計算できるようにする」ことです。算数の場合には、できるようにならなければ、その先の単元でもできないままです。

この点を重視し、最初に「計算方法」を教えてしまいます（ここが「例題」に当たる部分）。そして、実際に問題を解きながら、新学習指導要領が求める「思考力・判断力・表現力」を養えばいいと考えるほうが現実的だと思います。

「類題」については、教師が教えた方法で、ノートを使って解かせます。この段階で計算方法をクラス全員で確認しながら解きます。

「練習問題」は、子どもに自力で解かせます。その後、子どもに黒板に書かせたり、教師が子どものノートに丸をつけたりして答え合わせをします。

(2) 問題文は内容に応じて音読する

文章題や応用問題のときは、学級の全員で音読します。そうでないときは、教師が問題を読みます。たとえば、本時の授業の中心が筆算や計算練習が中心となるときは音読しません。音読するより計算練習の時間を多くとるほうが大切だからです。

たとえば、1時間の授業を構成する内容が「146引く89のひっ算のしかたを考え、説明しましょう」であれば全員で音読します。この場合には、考えることが中心の授業になるからです。

音読することによって、〝今日は考える勉強なんだな〟と子どもに意識づけをします。その際、国語の項で紹介した追い読みをするようにします。

教師が読み上げるときは、重要となる数字や言葉を強めに読みます。下手に説明するよりも、そのほうが子どもは着目すべき数字や言葉を意識します。

(3) 計算問題の解かせ方

●ミニ定規を使う

子どもの書く字は、書いているうちに段々と大きくなったり小さくなったり、あるいは斜めになったりします。すると、筆算のときに位が合わなくなって、せっかく計算方法は合っているのに誤答になってしまうことがあります。

そこで、ミニ定規を使うようにします。位がそろうようになるからです。定規を使わせると計算が遅くなるから非効率だという方もいますが、重要なのは計算する速度ではありません。たとえ時間がかかっても正答を得ることです。それに、慣れてくれば、定規を使った筆算のスピードも向上します。

●できるだけ消しゴムを使わせない

計算途中で間違いに気づいて消しゴムで消す子がいます。なかには、しっかり消えきっていない数字の上に重ねて書いてしまう子がいます。これも誤答につながる原因のひとつです。また、消してしまうと、どこをどう間違えたのかを見直せなくなります。

こうした理由から、できるだけ消しゴムを使わず、間違えた箇所には赤鉛筆で×をつけ、その脇に正しい計算を書きます。また、教科書の問題で間違えた箇所があればそこにチェックを入れ、そのチェックのついた問題だけ、やり直させるようにします。

(4) 文章問題の解かせ方

既習内容を組み合わせて解くような問題で、子どもたちだけで考えることがむずかしいクラスであればスモールステップを採り入れます。問題を解くのに必要なことを細かく分けて、一つずつ教えていきます。

逆に、子どもたちの学力が高いクラスであれば、「どのように考えたか、先生が一目でわかるようにノートに書いて持ってきてください」と伝えるだけで十分です。ノートには図やイラストなども使うようにし、その後、黒板に書いてもらってみんなで見ていきます。

このとき、〝既習内容を振り返る学習を挟んだほうが丁寧かな〟などと考えないほうがよいでしょう。学力の高い子どもの意欲を萎えさせるだけだからです。

何でもかんでも丁寧にすると、うまくいかなくなる例のひとつです。そうではなく、目の前の子どもたちの学力水準をしっかり見極め、〝何をどうやるのがもっとも効率的なのか〟を考えて実践することこそ大切であると考えるほうが賢明でしょう。子どもの学習意欲を上げるのはいつだって難題ですが、子どもの意欲を削がないようにするのは工夫次第です。

(5) ヒントの出し方

●赤鉛筆で薄く書く

学級には、（指導をいくら工夫しても）自力で問題を解けない子がいるものです。このようなときには、机間巡視などの際に、その子のノートの端に、赤鉛筆でヒントや答えを薄く書いてあげます。その子には、教師が書いた薄い赤鉛筆の跡をなぞらせます。

●「自分で考えなさい」は時間の無駄

子どもが一度問題に取り組んで「わからない」と言っているのに、「自分で考えなさい」と指導するのは、時間の無駄だと割り切ったほうがいいです。自分なりに考えてもできなかった問題なのですから。〝考えなさい〟と指導するだけでは何の解決にもならないばかりか、理不尽でさえあります。

それに、教師の書いた答えをなぞらせることだって、ばかにはできません。ちゃんと勉強になります。なぞることで、どうしてそうなるのかを考えはじめる子どもも出てきます。

3 社会科授業の基本パターン

(1) 社会科授業の展開パターン

次が基本です。

「フラッシュカード」→「地図帳で地名探し」→「教科書の内容」

フラッシュカードの内容は、3年生では地図記号、4年では都道府県、5年生では6

つの大陸、6年生では歴史上の人物など、学年ごとに内容が変わります。

地図帳での地名探しは、4年生からできます。最初のうちは教師が問題を出します。東京都の地図を広げ、たとえば「1問目は、品川」という教師の言葉を受けて品川を探し、見つけた子から立ちます。教師は1番、2番…と順位をつけます。10人ぐらい立ったところで終了とし、2問目は1番の子が出題します。これを5問ぐらい繰り返します。

毎時間、地名探しを続けていると地図帳の後ろにある「索引」に気づく子が出てきます。その段階で「索引」の使い方を子どもに教えます。逆に、子どもからの気づきが生まれないうちは「索引」に触れないようにします。子どもが自分で発見する楽しみをとっておくためです。

(2) 教科書の構造を知り、授業の組み立てを楽にする

社会科の教科書は、たいてい見開き2ページで構成されています。冒頭に「課題」が書かれていて、見開きの右端におよそ「結論」が書かれています。そこで、私は最初に「課題」を読ませたら、すぐに結論を教えてしまいます。そのうえで、「どうしてその結論になるのかを調べてまとめよう」と投げかけ、調べ学習をしたり話し合い活動を入れたりしながら学び合う授業を展開します。

4　理科授業の基本パターン

○理科授業の組立パターン

次が基本です。

［課題→予想・仮説→（観察・実験）準備→観察・実験をする→結果（まとめ・考察）→片づけ］

●課題

今日、学習する内容・問題を知らせます。

●予想・仮説

問題の答えを予想したり、仮説をつくったりします。

●（観察・実験）準備

①今日の実験で必要な実験器具と、どのような実験をするのかを、図やイラストなどを交えながらノートに書くようにします。

②全員ができた班からノートを教師のところに持って来させ、チェックします。全員が書けていれば、必要な道具を自分たちで準備するようにしましょう。

③火を扱う実験、危険な薬品を扱う実験をするときには特に注意が必要です。マッチ、アルコールやその他の危険な薬品などは、教師が渡します。

●観察・実験

準備ができた班から観察・実験を行います。どの班も一斉にはじめることもあれば、教師が実験する班を指定することもあります。後者の場合は、危険な薬品などを扱うときです。教師の目の行き届くところで行うことで事故を防ぎます。どのような方法を採るかは、学級の実態に合わせます。

●結果（まとめ・考察）

班ごとの結果を黒板に書いたり発表したりし、共通点や違いなどを考えます。最後に教科書を読んでまとめを行うようにします。

●片づけ

班ごとに使った道具をもとの場所に戻します。この「もとの場所」があいまいだと、理科準備室が散らかり、結局は教師が整理することになります。そこで、4月に「理科室探検」などと称して、どこに、何があるのかを覚えさせておくとよいでしょう。

片づけた班から教師がチェックします。片づけ終わった班から授業を終わります。

子どもの活動量や作業量を多くする

授業で担保すべきは、子どもの活動量です。そのほうが学習の定着率が上がるからです。では、その時間確保のために必要なことはなんでしょうか。ひとつには、教師の説明量を必要最小限にとどめることです。

ある体育の授業でのことです。

その日は、運動会の徒競走の練習をはじめて行うということもあってのことでしょう。授業がはじまってから教師が延々と注意事項を説明し続けていました。すると、砂いじりをはじめる子どもが現れました。それを注意するものだから、余計に教師の話が長引いたのです。

結局、1時間の授業中に子どもが走ったのはたったの2回だけ。これで学習したとはとても言えないでしょう（この例はいささか極端に感じる方もいるかもしれませんが、本当にあったことです）。学校現場ではこうしたことが起きます。「なんのために授業を行うのか」という、そもそもの目的をどこかに置き忘れてしまうわけです。

実際、自分が話をする時間が短いほうが教師自身も楽です。そこで、ここでは子どもの活動を増やすための時間効率について考えていきます。具体的には、「音読」「ノート」「証拠見つけ」「参加型板書」の4つを挙げます。

教師による一方向の授業は、子どもにとって（ためになるものではあっても）おもしろいものではありません。これは、（よほどのカリスマ教師によるカリスマ授業でもない限り）どの教科のどの内容であっても同じです。おもしろくないわけですから、多くの子は授業に飽きて集中力を失い、学習内容の定着はおぼつきません。

そうかといって、教師と子どもの双方向の授業（教師と子どもが互いに対話しながら進む授業）は、難易度が高い取組です。そこで活用したいのが、子どもが活躍できる活動型の授業です。

(1) 音読

国語の項で紹介した「追い読み」などを積極的に取り入れます。

(2) ノート作業

子どもがノートに書く時間を増やします。

理科では、観察したこと、実験したことをノートにまとめる。社会では、調べたことをノートにまとめたり、単元の終末にこれまでの学習を振り返って新聞形式でまとめたりするなど、さまざまな取組が挙げられます。

(3) 証拠見つけ

子どもの学習水準や学習内容にもよりますが、算数の授業でも答えを先に教えてしまい、なぜその答えになるのかを明らかにするという学習も効果的です。私は「証拠見つけ」と称しています。見つけるためのヒントを上手に出せれば、活動量が増えるだけでなく、子どもは楽しく取り組み、学力の向上も期待できます。

算数に限らず、社会においても、証拠見つけや調べ学習を工夫することで活動量が増えます。といっても、ただ調べる時間を長くとればいいということではありません。

図書室、コンピュータルームを自由に使わせたり、ときには職員室にいる先生や校長先生にインタビューしたりするといった工夫をします。あるときは一人調べ、次は自分たちの考えをもちよってグループで調べるなど、変化もつけます。

(4) 参加型板書

(第1章で軽く触れましたが)「参加型板書」も効果的です。

通常の授業でも、子どもが黒板を使って算数の計算を行うことがあります。このときの書かせ方次第で子どもの活動量や作業量が増減します。

ここで、私が特におすすめしたいのが、多くの子に出てきてもらって一斉に書かせることです。この方法は「参加型板書」と言われます。

資料　参加型板書の例

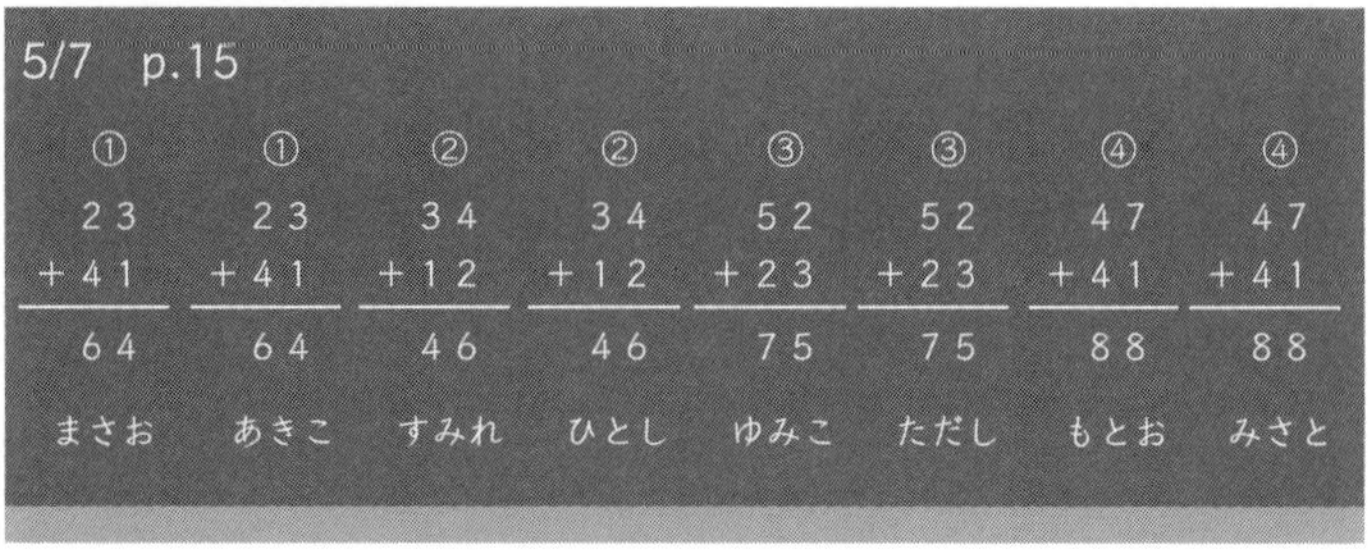

5/7　p.15

①	①	②	②	③	③	④	④
2 3	2 3	3 4	3 4	5 2	5 2	4 7	4 7
＋4 1	＋4 1	＋1 2	＋1 2	＋2 3	＋2 3	＋4 1	＋4 1
6 4	6 4	4 6	4 6	7 5	7 5	8 8	8 8
まさお	あきこ	すみれ	ひとし	ゆみこ	ただし	もとお	みさと

- 8人同時に計算する（無駄な時間がなくなる）
- 同じ問題をわざと２人に解かせる。自分の名前も書かせる。（早くできた子とまだの子との差を埋めるため）
- 早くできた子は黒板に書き、まだの子はその間に問題練習ができる。
- 解き方がわからない子は黒板をヒントにすることができる。

（日付、ページ、問題、人物名は架空）

以前私は、一人ひとり前に出てきて計算させていました。この方法だと、その子以外のすべての子どもが、黒板で計算している子の計算が終わるまでただ待つ時間となってしまいます。この待ち時間が子どもの集中を切らしてしまうので、参加型板書はそれを避ける方法でもあります。

資料は「参加型板書」の一例です。

体育や理科で使う道具などの準備を工夫する

体育や理科などで使う道具の準備は、なにかと手間暇がかかるもの。休み時間に済ませればよいのでしょうけど、なかなかそうできずに授業がはじまってから行うことのほうが多いのではないでしょうか。

もたもたしていると、それだけで授業時間を使ってしまいます。その分だけ子どもたちの活動時間が減ります。教師が一人で行っている場面を見ることもあります。(私も一人で準備していた時期もありましたが)あまり効率的とは言えないでしょう。そこで、おすすめしたいのが、授業をしながら子どもたちに準備をしてもらうという方法です。

ハードルの授業であれば、まず2人組をつくってハードルをひとつずつ持ってくるように指示します。持ってきたグループから順に跳ぶようにします。全員準備ができたあたりで「こうして跳ぶといいよ」などと、子どもにポイントを伝えます。その後、ハードルをもうひとつ持ってくるように指示します。

ここで4人組にします。すると1グループにつきメンバー4人、ハードルが4つある状態になります。各グループで子どもたちが手分けして等間隔で並べている間、グループごとに歩幅のポイントなどを指導します。

このように授業を進行させながら道具の数を増やします。また、その作業を子どもにやってもらうことで手持ち無沙汰になる子どもをなくします。その結果、子どもの活動時間を確保することができます。

このような準備時間の効率化は、ほかにもいろいろあるはずです。〝いままでこうやってきたから〟という思い込みをリセットすることが大切です。そうすれば、工夫の余地を広げていけるでしょう。

習字の授業では、ひたすら書かせる

習字の授業では、とにかく書かせることです。それ以外に技能の向上は望めません。かく言う私も、以前は子どもが書いた文字をならべて、「どれがいい字だと思う？そうなるには何が必要？」などと問いかけ、話し合いをもちながら習字の授業を行っていました。

しかし、あるとき私は気づいたのです。自分の字と友達の字を比較したり褒め合ったりしていても、子どもたちの技能がちっとも上達していないことに…。そこで、こうしたことはやめてしまって、少しでも書く時間が多くなるように指導の仕方を変更することにしました。

私の習字の授業における基本ルールは、次の3点です。授業がはじまるとすぐに伝えます。

●折り目のついていない半紙を使用するようにする。

●名前を書いたものを1枚提出するようにする。
●その際、下に「かご字」（文字の一点一画の外辺を細かい線で写し取った文字のこと）を敷いて写さなかったものを提出するようにする。

また、先生が指示を出すまでは、提出させないようにします。かりに、自分では「よく書けた」と思った字が書けても手を休めずに、練習を続けるよう促します。

それに対して、提出前の練習方法については子どもに任せます。

半紙の下に「かご字」を引いて練習するもよし、半紙を折り目をつけてバランスをとる練習をするもよし、文字の一部分だけをずっと練習するもよし、最初から清書のつもりで練習するもよし。最終的には、右の3つに則って提出用の1枚を仕上げればいいルールです。

もし「かご字を敷いて書いた物を提出する子がいるのでは？」と心配な方は、「この時間からは、かご字を使わないようにしましょう」としても差し支えありません。その時間以降の物を提出するようにすればよいのです。後は、子どもを信用できるかどうかの問題でしょう（3年生の最初のころであれば、筆の動かし方やその字のポイントを教えた後で、自由に練習するようにします）。

思い思いに子どもたちが練習している間、教師は机間巡視をしながらうまくいかずに首をかしげている子にアドバイスします。おふざけがはじまることがないように目を光らせながら授業を進行します。その後、清書と片づけに要する時間を見計らって提出時間を指示します。あとは、片づけが終わった子から終了です。

このように指導の仕方を変えたことによって、子どもが字を書く時間が格段に増えただけでなく、（みんながみんなというわけにはいきませんが）以前よりも子どもの上達を見込めるようになりました。

教師自身が楽しく授業をする

1　授業のリハーサル

子どもにわかったような気持ちにさせたければ、次の方法が効果的です。それは、教師自身が楽しそうに授業すること。

分数の割り算のように、子どもがつまずきやすい学習のときにも、教師が笑顔で楽しそうに授業すれば、なんとなくわかったような気持ちにさせることができることをサークルで教えてもらいました。

このように書くと〝ちゃんと理解させないでいいのか〟といった声が聞こえてきそうです。（言うまでもなく）理解できなくていいなどと思っているわけではありません。（塾などですでに習っている子でもない限り）学校での学習は、子どもたちにとって常に「新しいこと」の連続です。子どものなかには〝ちゃんとできるようになるかな…〟と不安な気持ちを胸に秘めながら授業を受けている子もいるでしょう。

この不安感を払拭し、無用な苦手意識をもたせないことが「楽しそうに授業をする」ことの目的です。少なくとも、わかったような気持ちになれれば、〝とりあえず、これなら大丈夫そうだ〟という安心感に変えることができるでしょう。

逆にもし、教師が眉間にしわを寄せてむずかしそうな表情で授業をしたらどうでしょう。子どもは〝この学習はむずかしそう〟〝自分にはできないかも…〟と感じてしまうのではないでしょうか。それでは、どの子でも解けるはずの簡単な問題であっても、正答率が下がってしまうかもしれません。

また、「子どもにとって楽しい授業」の実現にとっても欠かせません。つまらなそうに授業をしている教師の様子を見て、〝この授業は楽しそうだ〟などとは、どの子も思わないでしょう。

では、「先生が楽しそう」と子どもが感じるのはどのようなときでしょうか。言葉にすると簡単です。そのひとつは「笑顔を絶やさないこと」。しかし、この「笑顔」がくせ者で、できそうでなかなかできないのです。

人は、どのようなときに笑顔になるでしょう。おかしなことを目にしたとき、うれしいことがあったとき、楽しいとき、人は意識せずとも自然と笑顔になります。いずれも瞬間的な表情（動作）で、現れてはすっと消えます。

持続する場合もありますが、「笑いすぎて顔が痛い」「笑い疲れ」とも言うくらいですから、実は相当の筋力が必要なのです。実際に授業でやってみるとわかるのですが、はじめのうちは笑顔でいても、いつの間にか笑顔が消えていることに気づかされます。

私もその一人ですが、あるときこんな先生に出会いました。その方は、次の話をしてくれました。

50歳になったいまでも、授業のリハーサル（練習）をしているんですよ。

この言葉を聞いて、ハッとさせられました。考えてみれば、スポーツ選手にせよ、俳優にせよ、しっかり練習を積んでから試合や舞台に出ます。練習ひとつせず本番で成功することはないからです。

教師はどうでしょうか。「授業が勝負だ」などと言われるくらいですから、「授業が本番である」という認識は間違いなくあることでしょう。しかし、「相手は子どもなのだから気張らず…」などと思ってはいないでしょうか。私自身、そのように思っていた一人なので偉そうなことは言えないのですが、「授業という本番で成功するには、事前の練習が必要だ」ということに気づかされたのです。

こうしたことがあって、つくり笑いではない、できるだけ顔の筋肉に負担のかからない笑顔（これはニッコリ笑顔というよりも微笑み、穏やかな表情に近い）をどうつくるか、それをどう持続させるかを、鏡を見るなどして自分なりに練習するようになったのです。

2 教師が「わざと間違える」

教師自身が授業を楽しく、また子ども自身も楽しくなる方法のひとつに「教師がわざと間違える」があります。とくに、低学年での授業で効果的です。

私がティーム・ティーチングのＴ２として入った1年生のクラスでのことです。担任の先生が、「この数字を写すんですよ」と指示しても、なかなか写そうとしない子がいました。Ｔ２だった私は、〝どうしたらその子が写すかな〟と考えてみました。そんなときに思いついたのが「わざと間違える」です。

その子の席のそばに行って、「先生と一緒にやってみない？　先生も書いてみるからね」と言って、数字の「1」を「~」と書いてみました。「どう、上手でしょ？」と言うと、その子はにっこりと笑って首を振りました。

「えっ、違うの？　じゃあ、どうすればいい？」と水を向けると、正しい数字の「1」を書きはじめました。この繰り返しで、私が誤った数字を書くたびに笑いながら、その子は正しい字を書いていてきました。

この例は1人の子への対応でしたが、子どもたち全員に対して間違ってみせる方法はたくさんあります。これも工夫次第です。ぜひ、みなさんも考えてみてください。

1年を通じて守らなければならないルールを伝える

4月当初、子どもと出会った初日の1時間目に、授業の「ルール」を伝えます。このルールを徹底させると、1年間の指導がずいぶんと楽になります。

私がいまでも実際に言っていることは、次の3つです。


［ルール①］先生から見て、危険なことをしていると判断したときは有無を言わさずに叱る

（大きな声を出すこともある）。

【ルール②】先生から見て、ふざけすぎ、いじめだと感じられるようなことがあれば、やさしい先生から怖い先生になる。

【ルール③】先生から見て、ちゃんとできることのはずなのに、何度注意してもやろうとしないときは厳しく接する。

新学期早々は、〝今年はなにかいいことがあるかな（あるといいな）〟〝今年こそいろんなことをがんばろう〟などと期待感や意欲が一番高まります。裏を返すと、1年のうちで教師の話を一番素直に聞いてくれる時期でもあります。

そこで、初日のさらに1時間目にこの3つのルールを提示し、（言わば半強制的に）必ず守るように約束させるわけです。

たとえば、授業中に私語をやめようとしない子どもがいたら、注意するのではなく真っ先にこう言います。

「このクラスのルールを守ると約束したよね。私語をやめないのはルール違反じゃない？　みんなは守っているのに、あなたは守らないというのではすごく不公平だよね」

およそこのように言うと、たいていの子どもは私語をやめます。また、私語に限らず、いろいろな場面で使えるので、とても楽です。子どもにしても、教師から頭ごなしに叱られるよりも、ずっとましですよね。

ただし、このルールには賞味期限があります。4月当初に1度伝えるだけでは、何か月か経つうちに効果が消えてしまうのです。そこで、2学期、3学期と新しい学期がはじまるたびに、そのつどもち出して、ルールを守ることを確認します。

自分の授業をアップデートする

効率的に授業を進めたり、次の授業をよりよいものにしたりするために、やっておくとよいことがあります。具体的には、次の4つです。

1　ほかの先生の授業を見る
2　自分の授業を録音・録画しておく
3　子どもの作品は授業内で評価してしまう
4　自主的な勉強会を校内で開く

1　ほかの先生の授業を見る

ほかの先生の授業を見るというと、敷居が高いと感じるかもしれませんが、そんなことはありません。気心の知れた同年代の先生、自分のことを気にかけてくれる面倒見のいい先生、「この先生は授業がうまい」と自分が感じている先生などに真摯に頼めば、無碍にされることはないでしょう。授業を見に行く際も、たとえば、専科の授業のときなどの「空き時間」を有効活用すれば無理なくできるはずです。

また、（研究授業でもよいのですが）できれば特別な（よそ行きの）授業ではなく、平素の授業のほうが、自分の授業に役立てられるヒントを多く見つけられます。しかも、同じ学校の先生の授業ですから、〝やってみたい〟と思うことがあれば、すぐにまねができます（先進校の公開授業とは違う点がここにあります。どれだけいいと感じても、「うちの学校では…」「うちの地域では…」条件が合わないなどと痛感することもしばしばですから）。

また、クラスに特別な支援を必要とする子どもがいれば、その子への対応方法なども学ぶことができます。さらに、ほかの先生の授業を1時間見ただけで、教材研究が済んでしまうこともあります。

授業以外にも、いろいろなヒントが見つかります。

教室に一歩足を踏み入れれば、授業直前の子どもの様子を見ることができます。にぎやかなのか静かなのか、和気あいあいとしているのか張りつめているのか、男子と女子の関係性はどうかなど、それだけでもそのクラスの学級経営の一端（クラスの方向性や教師の個性）が見えてきます。

なかには、始業ベルが鳴る前にはみな着席し、教科書を出して先生を待っているクラスに出合うこともあります。〝どうやったら、こんな光景が自分のクラスでも見られるようになるのか〟と興味が湧いてくるかもしれません。

また、教室掲示をしているか、している場合には何を掲示しているか、どこに掲示しているかなどにも目が行きます。自分と似ているかそうでないか、似ていないのだとしたら、どのような理由でそうしているのかなど、興味は尽きないでしょう。

こうしたさまざまな気づきや疑問をどんどんノートにメモし、〝自分もやってみたい〟と思うことがあればどんどんまねします。

2　自分の授業を録音・録画しておく

(1)　自分の授業の課題が見つかる

録音（録画）をした自分の授業をあとで見返す（聞き返す）と、思わぬ発見があります。

●自分では滑舌よく話しているつもりでいたが、肝心な説明になると、何を言っているのか自分でもよくわからなかった。
●そもそも自分の説明する時間が多すぎた。
●最初の指示と矛盾するような指示を出していた。
●次時につながる子どもの発言を聞き逃していた。
●時間配分が不適切で途中で子どもの集中が切れていた。

など、なかなか気づきにくい自分の癖や課題が明確になります。

これは、以前、参加したセミナーやサークルで聞いた話を参考にして、自分でも実践するようにした方法です。セミナーでは、次のように言われていました。

自分の授業を少なくとも1単元分、録音して文字を起こし、余計な言葉を削ったり、指示が不明確なところを直したりしながら、自分の指導の改善イメージを明確にするのが上達の近道だ。

さすがに、すべての授業を録音して文字に起こすことはできないでしょう。1単元分であってもむずかしいと思います。近年では、音声データを自動でテキスト化してくれるアプリケーションも登場しています。ただ、子どもたちのざわざわした声やつぶやきなども拾うので、一長一短かもしれません。子どものつぶやきこそが大切なことも少なくないからです。

そこで、「自分が予想したほどには子どもが食いついてこなかった…」「授業の途中で子どもの集中が切れていた…」のだけれど、その理由がよくわからない、といったことがあったときに、その原因究明を兼ねて実践してみるのでもよいでしょう。

1時間の授業であってもたいへんな作業ではあります。しかし、実際にやってみると、これまで気づかなかった自分の癖や課題はもちろん、自分の授業にはどのような伸びしろがあるのかを発見できます。すると、次の授業が楽しみになってきます。

「今度はもっとよくなるはずだ。早くやってみたい」という気持ちの高ぶりを感じることでしょう。

(2) 自分の授業を編集する

次の作業は編集です。編集作業を通じて、実現可能な改善の確度を上げることができます。授業が休み時間に食い込んでしまうこともなくなります。ここで言う編集作業とは、(1)で紹介した「余計な言葉を削る」「不明確な指示を手直しする」です。

自分の余計な言葉を削るだけでも、授業にいいリズムが生まれます。これは、1時間の授業のなかでダレてしまう時間をなくし、時間内にいい終わり方をするために必要な時間配分を明確にしてくれます。

そこでまず、自分で起こしたテキストをプリントアウトします。赤ペンをもって次のように編集作業を行います。

- 「この説明はなくても通じたはずだな」と思う箇所に打消し線を引く。
- 「ほかの言葉に置き換えたほうがより伝わるな」と思う箇所の脇に代案となる言葉を書く。
　その際、できるだけ簡潔な言葉を選ぶ。
- 教師が説明する時間と子どもが活動する時間のバランスが適切になるように調整する。
- 授業の途中で子どもの集中が切れていた時間があれば、その前後の言葉を入れ替えたり、つけ加えたりして、スムーズな流れになるようにする。
- 授業のどこかで子どもの目線を変えるなどの変化をつけたいと感じたら、子どもの意表をつくような言葉を適切な箇所に追記する。　などこれらの作業の編集方針は、「教師の説明は極力減らして子どもの活動に多くの時間を割けるようにする」「子どもの集中を（できるだけ）持続できる授業展開にする」「終業のチャイムと同時に授業を終える」の３つです。この意図に沿って、右の編集作業をするわけです。

編集を終えたテキストは、いわば自分の授業を題材とした脚本（シナリオ）になります。次の授業でそのとおりにすればうまくいくといった台本ではなく、自分らしい授業をよりよいものにするための演出台帳のようなものと考えればいいでしょう。

3　子どもの作品は授業内で評価してしまう

ここでは、子どもが自分の作品をみんなの前で発表する作品発表会を例にします。

- 作品を掲示するための場所を指定しておく。
- コメントを書くためのピンクの画用紙と太い赤のマジックを用意しておく。
- 子どもには工夫したこと、がんばったこと、苦労したことを発表してもらう。
- たとえば「細かいところをボンドでつけるとき、なかなかつかなくて困りました」と子どもが発表したら、「細かいところをボンドでつけることをがんばったのですね」と、右の画用紙にその場で素早く書いてしまう。

●発表が終わった子にその画用紙を渡して、作品と一緒に指定の場所に掲示、または置かせる。

これだけです。評価から掲示まで授業中に済んでしまいます。赤い字で大きく太く書かれたコメントを見た先生から「コメント、すごいね」とお褒めの言葉をいただいたこともあります。

作品が子どもの表現したポートフォリオだとすれば、このコメントは通知表を作成するための教師のポートフォリオになります。子どもが掲示後に、スマホなどでコメントを写真に撮っておくだけです（コメントを書く際に、カーボン紙を敷いておく方法もあります）。

これは、学級内だけの取組だけでなく、学年全体、あるいは学校全体で行う展覧会などでも応用できます。子どもたちには他の学年の作品を観に行かせ、その間に自分は展覧会中に評価してしまうわけです。これなら、「子どもの作品、まだ評価してないなぁ」などということが起きません。つまり、放課後に評価しなくてもよくなります。

いずれにしても、共通することは、〝時間のあるときにやればいいかな〟などと評価を後回しにしないことです。指導と評価の一体化が叫ばれている今日、指導直後に評価を行ってしまうほうが、次の指導に生かせる確度を上げられるばかりか効率的です。

4 自主的な勉強会を校内で開く

校内研修とは別に、若手中心に自主的な研修サークルを校内でつくり、お互いの授業を見合う、模擬授業をし合うことができると力量形成が加速されます。ただ、若手だけだと続かないことも少なくないので、研究部に所属している中堅の教師にも輪に加わってもらうのが長続きさせるコツです。

(1) 授業を見合う

授業後、お互いによかったと思うところ、こうしたほうがいいと思ったところなど忌憚なく指摘し合います。お互い発展途上の若手同士ですから肩ひじ張らずに行いやすいでしょう。

このように書くと、〝ただでさえ忙しいのに、より忙しくなってしまうのではないか〟と思われる方もいるかもしれませんが、むしろ逆です。一人で行うよりもずっと早く自分の授業準備（教材研究）が終わるので楽になります。楽になった分ほかの仕事に力を注げるようになります。

私は以前、一人でばかり教材研究をしていました。そうしていると、〝この場面ではどう指導したらいいのだろう〟と迷うことがあります。たとえば、棒グラフを5本書かせるような算数の授業で、一度にすべて仕上げさせてから教師に見せに来させたほうがいいのか、それとも1本だけ仕上げてから見せに来させたほうがいいのかといったことひとつとっても迷い、時間がかかってしまうのです。

ところが、複数人で教材研究していると、（さまざまな意見が聞けるので）一人で行うよりも時間がかかりません。力のある中堅の先生の助言があれば、それこそあっという間に解決してしまいます。

ちなみに、棒グラフについては、1本だけ書かせてから見せに来させたほうがいいことがわかり、それ以後ずっとそのように指導しています。1本の段階であれば、間違えていたとしてもすぐに直せるし、その子が棒グラフの書き方を理解できているかも把握できるからです。5本全部書かせてから見せに来させることが、いかに非効率かがおわかりになるでしょう。それに、「最初から全部やり直さないといけない」と思ってしまうと、子どもも教師も大変です。

蛇足ですが、漢字の定着率を上げる方法のひとつとして、子どもが自分で漢字テストをつくって練習する方法もあります。このほうが定着率が高くなることも知られています。

ここまで教師同士で学び合うことの有用性を紹介しましたが、ただでさえ忙しい日々、頻繁にはなかなかできないでしょう。けれども、月に1回程度での勉強会でもその効果を実感できると思います。

(2) 教師同士で模擬授業を行う

指導案を書きながら予想される子どもの反応を思い描く（イメージトレーニングする）ことも、もちろん大切です。しかし、若手のころはリアルなイメージをもつことがむずかしいと思います。そこで、(1)とも通ずることですが）放課後などに同僚の先生方に子ども役を務めてもらい、翌日の授業リハーサルを行うのも、力量形成を図るうえで効果的な方法のひとつです。

力のある先生に子ども役になってもらえれば、リアリティのある子どもの反応をイメージして対応してくれるので、実際の授業に近いリハーサルにすることができます。

また、模擬授業後に子ども役の先生方から意見をもらえれば、録音（録画）した授業の振り返りとはまた違う視点からの新たな気づきを得ることもできます。

とはいえ、どれだけ有益な意見であっても、〝自分の個性には合わない〟〝そうしたいとは思えない〟という意見もあるでしょう。そうした意見まで取り入れる必要はありません。

実際に子どもの前で授業を行うのは自分です。（意見を述べてくれた先生にはお礼を言いつつも、クラスの実態に合うかどうかということもあるので）取り入れるかどうかは自分で決めればいいのです。

どんな授業がいい授業であるかは一律には決まらない以上、自分の考えと相容れないものであっても、単に聞き流してしまうのではもったいないです。このようなときは、〝授業をよりよいものにするためのスパイスのひとつなんだ〟くらいのとらえで、頭の引き出しの奥に仕舞っておくのが賢明です。

いずれにせよ、〝若手のうちは、うまくできなくて当たり前〟だと割り切って、（模擬授業に限らず）どんどん自分の授業を見てもらい、忌憚のない意見をもらうことが授業力向上の近道だと言えるでしょう。

エピローグ

自分に合う働き方を見つけることがプロの条件

「銀座まるかん」の創業者・斎藤一人さんのブログに、次の言葉があります。

働き方はいろいろあるけど
どんな仕事も
自分に合ったやり方を
見つけられたときがプロなんだよ。

(https://ameblo.jp/saitou-hitori-official/entry-12443884018.html)

業種は違えど、斎藤さんのこの言葉は、教師の世界でも通用するのではないでしょうか。では、ひとくちに「自分に合ったやり方」と言っても、それはどのようなものでしょうか。また、どうやって見つければいいのでしょうか。

まずひとつ挙げられることは、自分の仕事全体を俯瞰できるようになることです。俯瞰できるようになると、一つひとつの仕事の「サイクル」（毎年、同じような仕事が繰り返されること）に気づきます。このサイクルに、「自分の個性」を当てはめていくのです。これが「自分の個性を生かす」ことにつながります。

そこでここでは、これまでの章で語ってきたことを総括的にまとめながら「エピローグ」とします。

段取り力を上げる

（繰り返しになりますが）若手のうちは、なかなか段取りよく仕事をすることができません。何をどれくらいの期間や頻度で行えばよいのかイメージすることが困難であることがその理由です。仕事全体の見通しがおぼつかないのですから当然です。

実際、（行事ひとつとっても）周囲の先生方と同じ時期にスタートを切っているうちは、単純に準備の時間が足りなくなったり、必要なことが抜け落ちたりするなどして慌てることばかり…。その場しのぎである限り、この段取り力はなかなか身につきません。

では、この力を身につけるにはどうすればよいでしょう。私は、次のことが第一だと考えています。

いっけん無駄なことのように思えても、まずは大きなサイクルで（時間を多くとって）

取り組み、少しずつそのサイクルを縮めていく（時間を短縮していく）ことです。すると、最初のうちは手間暇ばかりかかると思っていたことの効率が上がっていきます。

どういうことか、具体的に述べてみます。

たとえば、毎年「長縄跳び大会」を開催している学校があるとします（実際にあると思います）。開催時期は3月。慣れている先生であれば、2月あたりから練習に取り組ませはじめるのではないでしょうか。

それに対して年度当初、（運動が得意という個性が自分にあるのであれば）たとえば「粘り強くみんなでがんばれる学級」（学級目標）をめざすことにします。「長縄跳び大会」に向けた計画を4月に立ててしまいます。

長縄跳びは、縄跳びが得意な子とそうでない子が混ざって行いますから、みんなの動きをよく見ながら息を合わせることが重要になります。また、回数を伸ばすには、苦手な子どもの技術の底上げも必要です。

この取組を1年かけて行い（大きなサイクル）、一人ひとりの子どもの力量形成を少しずつ図るようにするわけです。これであれば、必要なことが抜け落ちることもなければ、慌てることもなく、時間的・精神的にゆとりをもって行うことができるでしょう。

その一方で、1年もかけるわけですから、途中で飽きさせない工夫も必要です。少しずつ実践を積めるように、スモールステップ（サイクルを縮める）で取り組むことも必要でしょう。４月当初から練習をはじめるのか、２学期からはじめるのか、あるいは時期を数回に区切って段階的に行うのかについても考えます。

途中でうまくいかなくなるなら、そのたびに計画の見直しも必要になるはずです。みんなで息を合わせて跳べるようになるには、どのような練習をどれくらいすればよいのか、「何を」「いつ」「どこで」「どのように」行うのが適切なのかを１年かけて試行錯誤するわけです。

最初の１年目は失敗の連続かもしれません。しかし、年を重ねるごとに（失敗を踏まえた）勘どころもわかってくるので、段取りよく、効率よく取り組めるようになります。また、長丁場の取組は、うまくはまれば、学級の結束力を高められるかもしれません。もし大会で優勝できれば、１年の最高の終わりを迎えることができるでしょう。

効率的に働く

どんなことでもかまいません。先に挙げた「長縄跳び大会」でもいいし、どんなことであっても、まず自分の得意分野を生かせる取組にフォーカスして経験を積んでいくことです。その積み重ねによって、それ以外の仕事でもだんだんと段取りよく遂行できるようになります。

やらなければいけないことが、ひととおり頭に入っていれば、あとは5W1Hです。これが続けていれば、一つ一つの仕事の時間も短縮できるようになります。これが（第1章でも述べた）「逆算思考で仕事をする」ということです。それが、たとえば10月に学習発表会が予定されているのであれば、「いまはまだ4月だけど、7月までにできる準備を済ませてしまおう」という見通しにつながります。

私が以前出会った方のなかで、「書初め展」の先を見通し、授業で練習した習字を子どもに返さず手元に置いておく先生がいました。

私は、12月の授業で書初めの練習を行っていました。授業で練習させたものに、私が注意点などを書いて子どもに返していました。子どもが冬休み中に書き初めの宿題をするとき、ポイントがわかるからです。

年明けには、学校の授業で清書した作品を展示するようにしていました。そこで、なぜ練習した習字を手元に置いておくのか不思議に思い尋ねてみました。

その回答が次です。

冬休み明けは学級閉鎖になりやすい時期です。もしかりに清書の時間にそうなってしまったら展示できなくなってしまいます。そのための予備として手元に置いておくのです。宿題にして書いてきた作品を使う手もありますが、できるだけ避けたい。学校で取り組んだ作品を展示したいのです。

（学級閉鎖などやむを得ない状況下での措置とはいえ）練習で書いた習字を作品として展示するのはどうかという考え方もあるとは思います。しかし、これも逆算思考で仕事を遂行する知恵のひとつです。この先に起きるかもしれないリスクを想定した効率化の考え方です。

こうした仕事の仕方が身についてくると、一つひとつの仕事の作業スピードが格段に速くなります。その結果「えっ、もう終わったの？」「先生はてきぱきやるイメージがあるよね」などの言葉をもらうことも出てきます。

心にゆとりをもてると、授業の準備時間が増える

（これも第1章で触れたことですが）仕事の効率が上がれば、心にゆとりが生まれます。

「あぁ、まだあの仕事やっていないなぁ…」「この仕事にいったいどれだけの時間がかかるのだろう。明日の授業までに準備が終わるかな…」といった心配をしなくて済むようになるからです。

それになにより、心にゆとりが生まれることで、教材研究や授業準備の時間をしっかり確保できるようになります。

やはりここでも大切なことは、明日の授業準備にしても、テストの採点にしても、なんにしても、〝子どもたちが下校したら…校内での会議が終わったら…やればいいや〟というマインドをリセットすることです。そして、たとえば採点や評価であれば、可能な限り授業中に済ませてしまいます。会議のはじまりがルーズであれば、その時間を利用して授業準備をしたり必要な書類作成を済ませたりしてしまうのです。

このような効率化を図るチャレンジをしない限り、毎日夜遅くまで学校に残って仕事をする日常から抜け出すことはできません。

しかし、これはその人の能力の問題ではありません。マインドの問題なのです。

実は非効率であることをうすうす感じながらも、〝みんながそうしていることだから、そういうものだ〟と受け入れ、日常化してしまう…これが、自らを疲弊させる温床となります。それでは健康に悪いし、いつまで経っても仕事が楽しくなりません。

＊

ある職員会議で、予定よりも早く終わったことがありました。このとき、「今日は早く終わってよかったね」という声ではなく、こんな声が上がりました。

「えーと、早く終わってしまいましたね。さて、これから、どうしましょう…」

他者のマインドを変えさせることは、だれにもできません。しかし、自分自身のマインドであればできるはずです。そのためにも、〝今日はいっぱい仕事をして（長時間仕事をしたから）よかったな〟から、〝今日は無駄な時間を減らして効率的に仕事ができてよかったな〟へと変えていくのです。

そうです。無為無作の「がんばり」から、効率重視の「がんばり」を優先するマインドへ。

おわりに

本書を執筆しているとき、3つの思いが浮かんできました。

1つ目「仕事というものは、これまでの歴史のうえに成り立っていること」
2つ目「仕事の本質は業界を問わず通底していること」（斎藤一人さんのお考えに接したことで）
3つ目「多くの方との出会いが本書を生んでくれたこと」

まず1つ目です。

今日までに先輩方から学んできた（受け取ってきた）ものがいかに多く、示唆に富んだものだったかということです。その思いを新たにしました。

教育に限らず、すべての物事の裏側には歴史があります。本書では、「本当に必要な仕事はなにか、それはなぜか」「どのような仕事の仕方であれば効率的で、楽しく働けるようになるのか」をテーマに、さまざまな方法を紹介してきました。

それらは諸先輩方から学んできたものを自分のなかのフィルターを介して、アレンジや整理してきたものです。どれひとつとして、自分一人の力で生み出したものではありません。

特に第3章で語ったことの多くは、TOSSサークルの先輩方に教えてもらったこと、TOSSサークルなどの仲間同士で学び合ったことばかりです。

この点に、歴史というものの重みとすばらしさを感じるのです。その先輩方にしても、おそらくは先人から学んできたのではないか。そのように考えると、**オリジナルをつくり出せる創造力よりも、過去を紐解き、自分の個性に合った考え方なり方法を見つける発見力こそ、私たち教師には必要なのではないか**、そんなふうに思うのです。

現在問われている働き方改革にしても、こうした歴史と切り離して考えることはできません。そんなことを考えながら執筆していました。

2つ目です。

「銀座まるかん」の創業者である斎藤一人さんのブログには、エピローグの冒頭で紹介した言葉以外にも、教師の仕事に通底する示唆に富んだ考えがまとめられています。

たとえば、次のような言葉です。

「あせり」というのは
体の免疫力を下げるんです。
だから、心がけてゆるめないと
いけないんです。

そんなに急ぐ必要ないのに、あせって仕事場へ行ったり、作業を進めたりする人がいるよね。こんなとき、まわりが「落ち着きなさい」と言っても、なかなかスピードを弱めることができないんです。
自分で意識して、動作をゆっくりするしかないんです。わざと、ゆっくり歩くとか、大きく深呼吸をするとか。それだけでも神経がゆるむんです。
それに、どうせあせってやっても、いい物はできない。リラックスした気分でやったとき、いいアイデアがバンバン出て、いい物ができるんです。

(https://ameblo.jp/saitou-hitori-official/entry-12447851952.html)

ここに言う「リラックスした気分」になるためには、あせりが禁物。あせらないようにするために、「心がけてゆるめ」ることが大切だという考えは、教師の仕事にもぴったり当てはまります。

本書では、「心のゆとり」をもち、仕事をすること、そのために必要な段取りや効率の重要性をまとめてきました。その前提となるのが、本書においては「マインド・リセット」です。斎藤さんの「自分で意識して、動作をゆっくりするしかない」という言葉と、まさに符合します。

「仕事の本質は業界を問わず通底している」ということなのでしょう。


最後に、3つ目です。

多くの方との出会いが本書を生んでくれたことです。

「現代ビジネス」のネット記事を書かせてくれた講談社の滝啓輔さん、その記事を読んで「若手の先生の働き方を本にできないか」と声をかけてくれた東洋館出版社の高木聡さん、書籍の企画のつくり方を教えてくれたビジネス・実用書著者養成スクールネクスト代表の松尾昭仁さん、ほかにも編集ライター養成講座の講師の方々や仲間たちとの出会いがあってはじめて、本書が形になりました。

そして、けっして忘れてはいけないのが、向山洋一先生をはじめとして、TOSSサークルの先生方や、教育現場でこれまでに出会い、さまざまな知見を授けてくれた多くの先生方の存在です。

みなさんとの出会いがなければ、本書が生まれることはなかったでしょう。

そうしたみなさんに深くお礼申し上げるとともに、本書が読者の先生方の力に少しでもなれることを祈りながら、筆を置くことにします。

ありがとうございました。

令和3年2月吉日　須貝　誠

〈巻末資料〉

※本書のベースとした考え方や方法などをまとめている書籍や雑誌の一部を、参考文献として掲載します。本書は、これらの書誌から学んだことをもとに整理しアレンジしたものとなります。

［書籍］

■向山洋一先生の著作（編集・監修を含む）

・著『授業の腕をあげる法則』明治図書出版
・著『続・授業の腕をあげる原則』明治図書出版
・著『学級を組織する法則』明治図書出版
・著『いじめの構造を破壊せよ』明治図書出版
・著『教師修業十年』明治図書出版
・著『子供を動かす法則と応用』明治図書出版
・著『プロ教師への道』明治図書出版
・著『学級経営の急所』明治図書出版
・著『授業の知的組み立て方』明治図書出版
・著『いかなる場でも貫く教師の授業行為の原則』明治図書出版

・著『子どもが燃える授業には法則がある』明治図書出版
・著『教育要諦集集』（全巻）東京教育技術研究所
・著『こんな先生に教えられたらダメになる！』ＰＨＰ研究所
・著『教え方のプロ・向山洋一全集』明治図書出版
・著『年齢別実践記録集』（全巻）東京教育技術研究所
・監修『（各教科）授業の新法則』（シリーズ）学芸みらい社
・編『研究授業のやり方見方＝小事典』明治図書出版
・前田康裕先生との共著『見て学ぶイラスト版教師の仕事３６５の法則』明治図書出版

■野口芳宏先生の著作

・著『学級づくりで鍛える』明治図書出版
・著『野口流・国語学力形成法』明治図書出版
・著『鍛える国語教室シリーズ１３　作文力を伸ばす、鍛える』明治図書出版
・著『国語科授業の教科書』さくら社
・著『向上的変容を保障する説明文の読解指導法』明治図書出版
・著『野口芳宏第二著作集　国語修業・人間修業』（1～10巻）明治図書出版

■谷和樹先生の著作
・著『子どもを社会好きにする授業』向山洋一監修　学芸みらい社
・著『みるみる子どもが変化するプロ教師が使いこなす指導技術』学芸みらい社
・著『学級が安定する人の条件　俺の黄金の三日間』ＮＰＯ　ＴＯＳＳ
・著『谷和樹　プロの流儀』ＮＰＯ　ＴＯＳＳ
・著『谷和樹が必ずやっている７つの鉄則』ＮＰＯ　ＴＯＳＳ

■白石範孝先生の著作
・著『白石範孝の国語授業の教科書』東洋館出版社
・著『白石範孝の国語授業の技術』東洋館出版社
・著『白石範孝の国語授業のつくり方』東洋館出版社
・著『未完の論理』東洋館出版社
・著『国語の冒険』文溪堂

■四辻友美子氏の著作
・著『励まし力』ＰＨＰ研究所

［雑誌／シリーズ］

・月刊『教室ツーウエイ』明治図書出版
・月刊『教育トークライン』東京技術研究所
・月刊『向山型国語教え方教室』明治図書出版
・月刊『向山型国語算数教室』明治図書出版
・シリーズ『鍛える国語教室』明治図書出版

5年目までに身につけておきたい！

若手教師の働き方

2021（令和3）年2月10日　初版第1刷発行

著　者　須貝　誠
発行者　錦織圭之介
発行所　株式会社　東洋館出版社
〒113-0021　東京都文京区本駒込5-16-7
営業部　電話03-3823-9206／FAX 03-3823-9208
編集部　電話03-3823-9207／FAX 03-3823-9209
振替　00180-7-96823
URL　http://www.toyokan.co.jp

装　幀　中濱健治
印刷・製本　藤原印刷株式会社

ISBN978-4-491-04057-8　Printed in Japan